数智商务：
杭州创新经济重要窗口之探索与实践

周广澜 / 著

浙江工商大学出版社 | 杭州
ZHEJIANG GONGSHANG UNIVERSITY PRESS

图书在版编目(CIP)数据

数智商务：杭州创新经济重要窗口之探索与实践 /
周广澜著. —杭州：浙江工商大学出版社，2021.12
　ISBN 978-7-5178-4728-1

　Ⅰ. ①数… Ⅱ. ①周… Ⅲ. ①区域经济发展－研究－
杭州 Ⅳ. ①F127.551

　中国版本图书馆 CIP 数据核字(2021)第 232352 号

数智商务：杭州创新经济重要窗口之探索与实践
SHUZHI SHANGWU：HANGZHOU CHUANGXIN JINGJI ZHONGYAO CHUANGKOU
ZHI TANSUO YU SHIJIAN

周广澜 著

责任编辑	范玉芳
责任校对	谭娟娟
封面设计	浙信文化
责任印制	包建辉
出版发行	浙江工商大学出版社
	(杭州市教工路 198 号　邮政编码 310012)
	(e-mail：zjgsupress@163.com)
	(网址：http://www.zjgsupress.com)
	电话：0571－88904980,88831806(传真)
排　　版	杭州朝曦图文设计有限公司
印　　刷	广东虎彩云印刷有限公司绍兴分公司
开　　本	710mm×1000mm　1/16
印　　张	10
字　　数	148 千
版 印 次	2021 年 12 月第 1 版　2021 年 12 月第 1 次印刷
书　　号	ISBN 978-7-5178-4728-1
定　　价	39.00 元

作者简介

  周广澜，男，浙江杭州人，管理学博士，浙江工商大学副教授，硕士生导师，MBA 导师。

  中国跨境电商学院导师，教育部人文社会科学重点研究基地（现代商贸研究中心）研究员，浙江省新型重点专业智库（浙商研究院）研究员，浙江省文化产业创新发展研究院研究员，稻盛和夫商道研究中心研究员，之江大数据统计研究院研究员，杭州之江经济大数据实验室（智库）研究员。对外经济贸易大学访问学者，新加坡南洋理工大学（Nanyang Technological University, Singapore）访问学者，英国利物浦大学北方领导力研究院（Northern Leadership Academy, UK）研究助理。比利时西弗兰德大学（Howest, de Hogeschool West－Vlaanderen）客座研究员，APEC 跨境电子商务创新发展研究中心客座研究员。

资　助

　　本专著为国家社科基金重大项目(21ZD154),全国统计科学研究项目(2020LY102),杭州市哲学社会科学规划课题(Z21JC096,Z20JC089),国家留学基金委高等学校青年骨干教师出国研修项目(202009545007),中国(杭州)跨境电商学院资助项目(2021KXYJ04),浙江省博士后基金项目(2017-117),浙江省"十三五"优势专业建设项目(1310XJ0518002),浙江工商大学研究生院项目(YJG2021219,YJG2018306)资助阶段性成果。

目录

Contents

1 绪 论

5 会展业创新经济发展的若干思考

6 基于跨境电商试验区创新经济空间联系研究

7 创新质量、数字经济与贸易发展研究

8 系统动力学视角下海外仓对跨境电商交易影响

1

绪　论

1.1　研究背景和意义

1.1.1　研究背景

（1）全球大变局环境下创新经济潜力明显

世界正处于百年未有之大变局之际，构建以国内大循环为主体、国内国际双循环（简称"双循环"）相互促进的新发展格局，是以习近平同志为核心的党中央根据国内国际形势发展变化应势而谋、因势而动、顺势而为的战略决策。（郁建兴，2021）

作为新时代改革开放的新高地，各类创新业态（包括自由贸易区、跨境电商综合试验区）是链接"双循环"的重要平台和关键节点，也是促进"双循环"新格局形成的重要抓手和有力支撑。

同时，在企业层面，阿里速卖通、Shopee、Lazada、Jumia、Amazon、Wish、eBay 等国内外平台纷纷抢滩跨境电商进出口市场。跨境电商等新业态对中小微企业来说具有成本低、效率高，对贸易摩擦背景下的传统进出口模式有明显促进作用。跨境电商的蓬勃兴起是时代的主题，但同时也面临新的问题和挑战。推动跨境电商发展需要外汇监管、资金收付、税收征管、物流通关、知识产权法律等一系列配套政策体系的完善和支持。

（2）创新经济产业内容丰富

从单纯依靠人口红利转向互联网新经济，是中国适应产业革命新趋势、培育跨境电商等外贸多元化竞争优势的又一次里程碑式的尝试。因此，在全新形势下再次进行电商市场培育，已成为"稳增长、促改革、惠民生"道路上所要面临的重要探索内容。

互联网经济对中小微企业的发展也是一个难得的机遇，推动跨境电商试验区建设最主要目的是希望对地方产业发展形成带动作用，对经济增长形成辐射作用。同时，各地方通过结合本地实际情况，探索未来电商创新经济政策中的新经验新做法。各地电商产业园区政策各有千秋，互有特色。富有成效的产业规划政策有利于推动电商在质检品控、跨境支付、保税物流等典型产业链方面有更大范围的发展。

目前，我国在数字经济创新建设过程中存在瑕疵，完善政策和培育行业环境是亟待解决的问题。以下问题需要进一步研究。

①目前对各地数字经济落实情况缺乏客观评价，如何遴选出真正具有普适性的建设方案，并将其复制到其他地区？

②在当前各类创新业态模式数量激增的情况下，如何制定合适的评价方法和模式，在国家层面树立标杆示范区？

③在各地加大互联网产业投入的情况下，如何培育创新经济生态，为中国电商未来长期发展奠定基础？

④在各国贸易摩擦背景下，如何通过互联网战略驱动经济高质量发展，构建中国样板？

1.1.2 研究价值与意义

全球形势不稳定催生数字经济、数字贸易等创新经济成为中国当前最大的政策红利之一。 本研究的价值与意义主要体现在：

①电子商务等创新经济的健康发展需要政策积极扶持与引导。 高效的规划政策支持，既能促进地方产业发展，又能培育我国对外贸易新动能，是政府部门和行业主体关注的焦点。

②对主管部门而言，对"十四五"期间规划情况与实施绩效进行客观预测，有助于创新经济试验地区的后续发展。 国家对电商等创新经济顶层设计的经验总结，有助于为新一轮的政策调整、制定和实施提供理论支持与决策依据。

③"双循环"背景下产业相关配套规划措施的不断优化，会在全国形成积极正面的示范效应，有助于在 eWTP（Electronic World Trade Platform，世界电子贸易平台）时代带动整体国内创新经济的更高质量发展，输出中国经验新形象。

1.2 国内外研究发展动态

(1)跨境电商等创新经济基础设施环境良好

在全球趋势方面，邓富华等（2017）介绍了跨境电商的国际发展环境基础。 相对于传统国际贸易，跨境电商使得整个产业链更加扁平化，同时，作为一支重要的补充力量和一种新兴模式受到了国际社会的广泛关注。 Yao 和 Whalley（2016）通过对上海自贸区的发展评估，揭示了跨境电商的机遇。 郭四维（2018）对跨境电子商务发展的趋势和特点进行了全面概括，发现跨境电商降低了企业进入外贸行业的固定成本及边际交易成本，并改善了资源的分配，跨境电商能够促进传统外贸发展。 伴随全球贸易增速整体放缓，我国进出口贸易的发展进入了低速增长的新常态，在政府通过推进跨境电商的基础设施建设、管理模式改革的背景下，稳步发展中的跨境电商有助于促进我国企业全球价值链地位提升和产业转型升级（来有为等，2014；马述忠等，2017）。

在基础设施方面，Song（2018）规划设计了跨境电商进口综合服务体系模型的总体结构与功能。在所需信息获取方便、增值税/消费税征收流程简单、信息系统设备齐全、供应商征收模式和中间征收模式便利的基础上，提高各国跨境电商进口低值商品增值税/消费税征收效率。在全球贸易保护主义和单边主义盛行的背景下，沈国兵（2018）阐述了中美经贸摩擦升级下中国跨境电商方面的对策，要高举 WTO 自由贸易的旗帜，细化进口负面清单，优化投资环境，加强知识产权保护，为进一步研究建立电子商务市场规范、服务与监管模式奠定了基础。中国跨境电子商务产业在实施适当的政策支持和逐步建立电子商务平台的推动下，Ma（2018）研究利用 BizArk（中国出口跨境电商四海商舟平台）的跨境电商托管服务数据库，构建了中国出口电子商务的繁荣程度和风险程度指数，揭示了跨境电商具有独特的优势，呈现出平稳较快发展的态势。为了规范电子商务市场交易行为，监测电子商务市场违规行为，柴跃廷等（2018）提出了保障电子商务市场交易主体可信、交易客体可信、交易过程及其结果可信的基本原理，规划设计了电子商务可信交易保障公共服务平台的总体结构与功能。为进一步研究建立"规范管理、精准巡查、社会共治、协同执法"的电子商务市场规范、服务与监管模式奠定了基础。

在企业平台方面，杨坚争等（2016）采集了全国四大自贸区企业数据构建了跨境电商绩效识别模型。他们建议跨境电商企业应该将内部资源与政策、支付、通关、物流技术应用等五个外部因素的能力有机结合并利用起来；建议各自贸区应该利用"互联网＋"的思维，创造便利的跨境电子商务政策高地，共同拉动中国经济的持续向上。Xue 等（2016）回顾了市场增长、政策推动、生态系统优化、跨境电子商务服务技术、价值链等方面的进展。Wu（2016）检验了在新兴市场国家跨境企业的绩效表现。马述忠和陈奥杰（2017）通过建立描述生产企业利用贸易中介和跨境电商 B2C 渠道开展出口贸易的理论模型，对多种情况下生产企业和贸易中介对销售渠道的选择进行研究，并对中国跨境电商 B2C 销售渠道的应用企业综合绩效进行评价。 Valarezo（2018）探讨了个人使用跨境电商（CBeC）的决定因素，也讨论了开发数字技能的措施、互联网信任以及商品和服务的在线信息评论的使用。

（2）电子商务等创新经济探索内容广泛

屈韬（2018）以自由贸易试验区面板数据为实验组，实证检验我国自由贸易试验区在消费拉动效应对外商直接投资的影响显著为正。 认为跨境电商进口对外部资本有显著的市场挤出效应，各地方政府应结合自身在国家战略中的功能定位发挥产业资源优势，大力扶持跨境电商出口。 这为跨境电商综合试验区带动当地产业链发展提供了理论基础。 跨境电商快速发展的时代背景下，许嘉扬（2018）探讨了跨境支付、互联网金融在跨境电子商务生态圈中的重要作用，以及跨境电子商务金融对行业的新需求，并以杭州跨境电商综合试验区为例，提出了如何从跨境支付、供应链金融、电商大数据等方面构建完善跨境电商金融基础和未来机制发展的对策。

鉴于跨境电商政策法规与贸易发展关系密切，探究跨境电商新政策法规影响机理对市场健康稳定发展意义重大。（杨云鹏等，2018）新政策法规对跨境市场的政策吸引力是促进一般贸易市场向跨境市场有效过渡的第一要素。 赵骏和干燕嫣（2017）建议应积极参与多边谈判，根据国际规则及时调整国内跨境电子商务立法、司法、执法，促进国际、国内规则的统一；主动借鉴国际社会的立法经验及先进做法，完善国内跨境电商立法；整合多样推力，通过渐进的方式来确立国际经贸中跨境电商的规则。 还有学者基于新常态下跨境电商的市场现状，提出从财税、物流、海关和法律等四个方面构建起确保跨境电商持续健康发展的系统体系与政策设想。（Chen，2017；汪旭晖等，2018）围绕跨境电商政策的制定问题，将政府与企业间的关系视为跨境电商市场这一复杂网络中的博弈关系，谌楠（2016）构建了政府激励机制监管模型通过实证研究评价了政府驱动环境下税收、产业等领域的跨境电子商务政策有效性与实施效果。 发现政府扶持性政策的短期效果更加明显。长期来看，市场行业的发展必须通过跨境电商自身商业模式的创新才能得以突破。

运营政策环境方面，跨境电子商务作为电子商务领域中最具发展潜力的一个分支，发挥着越来越重要的作用。以阿里巴巴为例，阿里巴巴在知识产权方面不断努力建立合法性有助于平台的演进。这些努力使阿里巴巴成为事实上的标准电子商务模式。（Kwak，2019）Alm（2012）通过对eBay平台交易数据分析跨境电商税收政策的影响。Maskus和Yang（2018）强调了在跨境电商活动中知识产权保护政策问题。Azar（2016）检验了文化对跨境贸易政策与绩效的作用机制。Lkhaasuren（2018）调查了国家形象和文化内容偏好对消费者的政策影响。Cho（2017）探讨跨境B2C模式（海外直购）在平台拓展和进入海外市场的战略。李向阳（2017）从税率水平和税负总成本的视角，定性和定量地分析了跨境进口电子商务税率政策的有效性影响，并针对提升跨境电商新政监管效能给出了相关政策建议。

张鸣飞和杨坚争（2017）对国家各主管部委颁布的跨境电商发展政策进行梳理归纳，同时在政策层面上促进跨境电商发展提出了实施意见。苏为华（2017）重点关注跨境电商平台运行、支撑服务等领域，并在此基础上创建了全国综合试验区发展水平的统计测度体系。韦大宇和张建民（2019）全面回顾了中国跨境电商综合试验区自创建以来的实践成果，梳理并总结了在现有机制基础上的政策创新体系，已经推广至全国的成功经验和符合未来全面发展的监管规则。综合试验区的建设集聚了一大批跨境电商平台助推产业升级，保证了我国"互联网＋外贸"在国际竞争中的优势。李晓龙和王健等（2018）探索了eWTP框架下跨境电商的新规则。借助eWTP平台探索实现跨境电商贸易各类新政策改进发展的可行性，分析了eWTP在跨境电商活动中的实际意义。通过对美、英、日等发达国家公共政策制定的过程分析，荆林波等（2017）讨论了如何更好地配置政府资源，制订合理的公共政策模式与方案，探索提高政策实施的准确性和规范性，为我国提供有益的借鉴和启示。

跨境电商政策设计的难点在于需要同时考虑促进国内国际市场联动、

维护公平竞争以及支持电商领域发展等多重目标。 这使得中国原有的跨境电商政策无法适应交易模式的发展。 张昊（2018）认为应将建立更公平的市场竞争环境作为政策完善的方向。 一方面，推动跨境电商专享的"政策红利"在更大范围推广；另一方面，促进传统贸易企业实现技术更新与模式创新。 在对照国际经验的基础上，温珺（2017）认为中国跨境电商产业政策应注重实施层面的制度设计，使多项政策能够相互配合，提高政策导入时的可接受度。 在全球化的趋势下，赵骏和向丽（2019）从跨境电商建设视角出发，探索中国应该如何建立合适的数据流动与保护政策。 宫艳华（2019）系统性地分析了中俄跨境电商税收政策调整下如何加强通关、物流、金融等方面政策的有序推动，为中俄贸易长期持续健康发展奠定坚实的基础。

赵杨等（2018）选取我国各级政府颁布的跨境电商政策作为研究样本，对我国跨境电商具体政策的实施效果进行重点评价与分析，同时探讨了国家宏观政策对地方政策的引导作用。 Gomez-Herrera（2014）认为，距离、语言、包裹交付和在线支付是影响跨境电商的重要因素，为跨境电子商务政策评价提供了新的思路与方法。 Miao 和 Jayakar（2016）分析了移动支付在中、日、韩三国跨境贸易中所扮演的角色。 姜菁斐（2018）讨论了在国家政策利好层面下如何逐步成熟规范我国跨境电商行业发展。刘斌等（2019）着重研究在普惠贸易趋势下，我国跨境电商零售进口的发展现状、政策环境及监管改进路径。 在产业集群转型升级相关理论的基础上，李芳等（2019）提出了跨境电商在政策层面对外贸易的转型升级与产业集群协同发展的机理及路径。 孙宝文等（2018）通过论证跨境电商模式对中国国际贸易的推动作用，解释了在数字经济发展的大背景下，跨境电商等新型经济形态如何影响国家贸易政策促进经济增长。 这些为国家层面探索出台后续扶持政策提供了参考和借鉴。

(3)国家社科基金已立同类项目的新进展

近年来，围绕"创新经济"这一主题，国家社科基金设立了以下项目。

"新形势下零售商业模式创新路径研究"：主要结合国内外新形势及

新技术变革背景，以电商为代表的创新经济关注消费者需求变化，从优化零售供应链管理、创新盈利模式和应用新兴技术等方面寻求创新发展，提升有效供给，促进零售业高质量发展。其侧重点在商业经济学。

"数字经济背景下技术创业企业商业模式创新驱动机制及实现路径研究"：主要关注如何借助大数据和人工智能等新兴技术突破成本困境而采用的新模式。研究电子商务创新经济的代表性业态，帮助电商数字经济企业在数据精准营销、流程智能运营、多维度价值创造等多个方面实现商业模式创新。其侧重点在流通经济学。

"数字经济驱动中国制造业企业生态型商业模式创新与管理变革研究"：主要关注制造业平台型企业商业模式创新中的价值生态系统构建问题。对如何通过培育工业互联网平台生态加快商业模式创新和场景落地展开深入的探索性研究，以帮助企业更加高效便捷地获取个性化的信息服务等数字化转型手段，推进工业互联网发展和升级进程。其侧重点在产业经济学。

综上可知，创新经济相关主题一直是研究热点，其内涵随着时代的发展不断有新的进展。

(4)相关研究评述

①内容上：电商数字产业作为一种新业态，如何使之快速成长聚集，发挥产业生态价值引领作用，是"双循环"格局下各地区关心的问题。当下研究多集中在产业价值链区域发展水平方面或创新经济体的应用层困境研究等。在电商数字产业创新评价，尤其是产业创新发展测度指标的选择等软环境方面是否存在进一步改进的空间尚未进行深入研究。

②视角上：新形势下"双循环"等研究热点层出不穷，研究领域尚有较多空白。当下研究多集中在对整体发展水平进行评价方面，或对物流、支付等应用层的困境研究。创新经济实施方案应对策略等诸多方面仍有待研究拓展。

③对象上：目前研究多聚焦组织系统的可持续性商业模式创新的绩效作用机制，深化对数字化新情境下产业创新模式的研究。但专门针对电

商数字产业评价的研究还非常有限。

电商数字产业创新发展为各区域提供了跨越式发展的可能和机遇。综上所述，伴随着"双循环"发展战略的提出，很有必要再次深入回顾、探讨现行的电商产业创新发展评价体系，从而促进各地区主管部门加强理论认识，完善产业引导方案设计，促进电商数字产业创新质量不断提升。

1.3 研究内容

(1)电商创新经济政策文本挖掘研究

本书梳理目前各类电商创新经济政策的出台、使用、评价等相关研究，拟从各地的现状出发，具体针对我国在创新经济政策评价方向面临的普遍问题，通过文本调研与扎根理论研究方法分析归纳出相关政策的实施情况及存在问题。

本书通过对管理部门所公开的相关政策的梳理，选取了其中有典型性的电子商务创新经济政策作为研究样本。通过对政策文本的挖掘，辨析出反映国家跨境电商综合试验区政策所重点关注的词汇，从而为构建完整的跨境电商综合试验区政策评价指标体系奠定基础。

(2)现有跨境电商综合试验区发展评价实证分析

由于跨境电商政策的实施基本上是引导产业供给和市场需求的，因此需要对各地政策实施后存在的普惠性、实用性和前瞻性等一系列绩效问题进行实证分析。

在跨境电商综合试验区政策评价对象确定之后，通过建立投入产出表，可以对各项政策评价指标量化，即对所有变量采取标准化形式的处理，如果政策文本中涉及变量相关的内容，则通过层次分析法（Analytic Hierarchy Process，AHP）等方法对其赋值。根据得出的所有跨境电商综合试验区空间数值，可以判断跨境电商综合试验区政府管理部门、企业、行业机构之间深度的共生关系。 这一方法可以充分考量该地区跨境电商产业促进方面的内容，可以评价政策措施是否达到实效。

(3)模拟分析创新经济影响因素模型

另外，研究从宏观视角出发来做中长期电子商务等创新经济产业市场份额未来变化趋势的预测。 随着后续创新经济政策的出台，对数智商务发展的内容、方向、效果将会产生较大影响。 因此需要根据仿真结果来判断或调整建议内容，为下一步对策转化为政策提供理论依据和实践路径。

各地之间创新经济尚未有共享机制，导致空港、海港、陆港等部分硬件设施重复建设严重，而可以共享使用的营商环境基础资料库、人才生态数据库等服务设施严重短缺。 各地域之间相互独立，导致政策资源投入的配置规模、力度、结构各不相同。 从全国来看，这会影响政策资源投入的效率和产出。

因此，根据模拟仿真的结果，完善所提出的对策建议，可以帮助各地借鉴成功经验，推广成功做法，使全国的政策红利能够在大范围推动创新经济行业进步，为相关产业带来更美的发展前景和更多的机遇。

1.4 研究目标

①通过政策文本的挖掘，归纳出各地数字贸易、跨境电子商务等创新经济试验区的影响指标，并对各关键影响因素进行测度，构建完整的评价体系。

②采用模型进行仿真预测，对各地区进行评价和案例研究。 在此基础上进行实证检验，全面总结各地数字贸易、跨境电商发展实施效果。

③在理论与实证研究的基础上，对未来电子商务等创新经济发展的路径与政策进行设计，提出合乎规律的政策建议。

1.5　研究对象

本书主要针对"双循环"赋能产业创新这一基本理论逻辑，以评价与分析跨境电商产业生态为切入点，将数字产业、智慧产业与创新经济的影响机遇和策略作为具体研究对象，研究"双循环"发展格局对创新经济的影响效应，探讨各地区产业创新能力提升的有效路径，并通过科学设计有效机制进而实现数智商务核心功能支撑产业创新成长的任务。

1.6　拟解决的关键科学问题

①由于自由贸易区、跨境电商综合试验区本身成立时间较短，对其出台的相关政策的评价研究也不多。同时，作为中国特色产物也缺乏国外相关领域的评价方法。本书将借鉴类似业态，设计评价体系作为决定研究有效性的关键。

②为应对中美贸易摩擦，多数省区正在着手建设自由贸易区、跨境电子商务综合试验区。其中包含诸多一、二、三线城市，但各城市间行政级别、环境基础、市场资源、产业配置情况各异。本书将与合作单位共同深入验证相关评价内容设计是否合适，并根据实际情况进行修正完善。

③如何完善创新经济政策体系设计，并付诸实践与推广有一定难度。本书将结合我国国情，模拟仿真政策在可操作性、可接受度方面的趋势，实现电子商务经济"新引擎"的目标。

1.7 重点

(1)中国创新经济生态圈的发展状况、特征及存在问题分析

由生产商（产品制造者和服务提供者）、交易商（信息服务和平台服务）、支撑配套环境（支付服务、信用和保险服务、物流服务、技术管理咨询等）、营商环境等共同组成了创新经济的生态圈。 创新经济的健康发展取决于其生态圈上各构成要素的健康发展，本书通过大量的调研，对中国创新经济生态圈构成要素的现状、运行方式、盈利模式和制约因素等进行深入分析，并结合典型案例，系统梳理出中国创新经济生态圈各构成要素的发展阶段特征、趋势、存在问题及制约因素。

(2)创新经济综合发展水平

基于跨部门（商务、统计、经信等部门）统计资料，采用现代综合评价理论与方法，构建综合发展指数体系，全面综合反映创新经济相关产业的发展水平，为相关部门制定发展规划、调整发展战略、出台扶持政策，提供综合判断与决策依据。 具体包括：在统计监测指标体系的基础上，从创新经济生态的成长状况、效益水平、集聚效应、服务支撑等评估指标体系维度，科学计算综合发展水平。

1.8 研究方案

(1)现状分析

本书通过阅读理论文献，查找资料，分析国内的政府机构（中央和地方单位、其他派出机构）、高校和科研所、企业运营单位对创新经济的投入建设内容，并整理相关统计数据，归纳目前所取得的效果和存在的问题。

（2）理论研究

以跟踪国内外创新经济理论发展动态为主，从发展模式、建设路径、影响创新经济生态的环境因素等方面进行分析与研究，构建评价模型。

（3）实证研究

从全国各地政府数据库获取政策文档，初始化政策文本文档集。然后采用文本挖掘法，在特征提取的基础上进行有效词频统计，利用小团体识别、聚类分析等，确定评价的相关变量。再利用指数模型法有针对性地进行变量分类及参数识别，运用层次分析法，在通过一致性校验之后，确认模型中各指标权重。最后利用系统动力学预测法，对变量参数赋数值或函数，对状态变量、速率变量和辅助变量赋方程，采用计算机仿真技术对电子商务等创新经济政策进行预测，最终提出政策建议。

（4）标杆研究

以杭州跨境电商综合试验区等各地区创新经济的培育建设和制度法规突破为例，从政策创新效果和存在问题等方面进行研究。

（5）政策建议

借鉴国内外的研究结果，制订符合政府治理、行业发展的方案，完善现有的规划政策和组织制度，并不断检验与修正相关政策。

1.9　研究方法

（1）文本挖掘法

本书通过调研梳理全国各地政策数据库，初始化政策文本文档集。采用文本挖掘法，使用 ROSTCM 6.0 软件和 UCINET 工具，在特征提取的基础上进行有效词频统计，建立社会网络挖掘分析，实现中心性分析、小团体识别、聚类分析等，最终确定评价跨境电商综合试验区的相关变量。

（2）指数模型法

本书有针对性地进行变量分类及参数识别。通过建立投入产出表来计算评价指标中的任何一个单独变量，对两级变量得分进行两级追溯和确定，可以对其效率方法的优势和缺陷水平进行量化评价，并将最终结果可视化显示出来。

（3）层次分析法

将跨境电商综合试验区政策一级变量给予层级分解至若干二级变量，评估二级变量每两个特征之间的重要性。使用 SPSSAU 工具，建立正倒矩阵后使之标准化，再计算 AHP 值。在通过一致性校验之后，确认跨境电商综合试验区政策模型中的各指标权重。

（4）系统动力学预测法

通过研究跨境电子商务生态系统内部，如政策因素形成的各种反馈环，同时对变量参数赋数值或函数，对状态变量、速率变量和辅助变量赋方程，采用计算机仿真技术和 Vensim 工具来对跨境电子商务政策系统进行长期预测的方法。

1.10 项目的特色

研究视角比较独特，并将创新经济这个新概念引入研究中。从各地建设内容、相互关系等维度着手，树立典型的中国特色研究载体的评价体系。完善现有政策机制提升政策促进产业活动效率，形成电商创新经济生态协同发展模式的路径。

基于各地创新经济区域发展现状分析，从政策影响因素、所在内外部环境出发，剖析各地跨境电子商务政策实施情况和运行机制，并对所选取样本的典型内容、性质、趋势进行深入分析，为未来创新经济生态发展提供制度经验和实践保障。

1.11 创新之处

(1)设计以创新经济为对象的评价体系

考虑到跨境电子商务综合试验区是新兴概念，对其出台的相关政策的评价研究不是很多，同时也缺乏国外相关领域的评价方法。本书基于词频统计构建了反映我国行业关注重点的框架。通过对各地现有建设成果进行量化评价，以发现政策制定中存在的关键问题与制约因素。

(2)将仿真方法应用到创新经济电商政策领域

本书通过对所提对策进行仿真预测，使政策提议在可操作性、可接受度方面修正完善，从而促进政府和产业界不断提升理论认识，促进电子商务行业可持续发展。

1.12 研究价值

从学术意义来看：

①基于准实验的追踪调查数据，利用政策评估方法探索"双循环"格局对创新经济发展影响的动态过程，以得到因果关系的真实推断。

②将在对创新经济区域发展的现有评价丰富的基础上提出更加科学合理的测度方法，从而可以从多个维度对政策、产业的具体表现进行刻画。

从实践意义来看：

①在"双循环"背景下对创新经济促进作用的考察，既能帮助产业链准确评估政策实施的真实效果，还能为今后市场的发展趋势提供判断建议，助推"重要窗口"建设。

②识别出创新经济区域发展失衡的成因，能够帮助政策制定者厘清产业需求的现实诉求，为政策的制定提供可靠依据。

2

电子商务创新经济发展的
现实基础与思考

2.1 "十三五"发展回顾

"十三五"以来，杭州市电子商务保持高速增长态势，电商服务业发展水平显著提高，各领域电子商务应用进一步普及和深化，电子商务支撑体系全面完善，电子商务发展水平全国领先。

2.1.1 现有成就

(1)电商应用持续提升

①电商经济不断推动发展。网络零售额实现进一步增长，"十三五"期间，杭州市网络零售额保持每年 20％左右的增长率，2020 年网络零售额约 8992.2 亿元，如图 2-1 所示，占全国的 7.6％，并于 2019 年年底实现占比社会消费品零售总额 50％以上，成为杭州经济引擎新动力；2020 年

居民网络消费额为 3219.7 亿元，占全省的 29.1%，同比增长 15.8%；2016—2020 年，杭州市电子商务产业增加值从 1027 亿元增至 1933 亿元（如图 2-2 所示），电子商务持续引领杭州市经济发展。

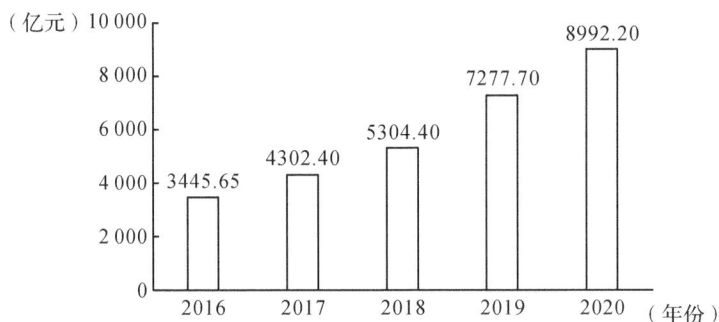

图 2-1　"十三五"期间杭州网络零售额变化情况①

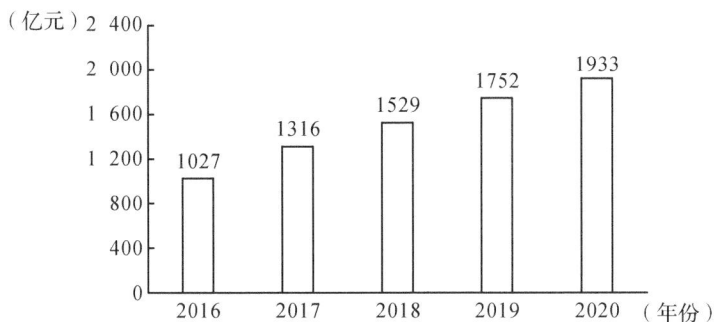

图 2-2　"十三五"期间杭州市电商产业增加值变化情况②

②新零售示范之城建设初显成效。　政府编制了《杭州市新零售五年行动计划》，在全市推广新零售业态为重点的商业街区建设，扩大杭州市智慧商圈、智慧商业覆盖面，提升商贸数字化水平。　在浙江省商务厅开展的全省零售模式创新工程中，杭州市被确定为浙江省新零售标杆创建城市。　2020 年 7 月，杭州市商务局拟定银泰百货、盒马鲜生、星巴克等 79家企业为杭州市首批新零售企业。　截至 2020 年年底，评选认定市级新零

---

① 数据来源：浙江省商务厅 http://www.zcom.gov.cn/art/2021/1/14/art_1416-807_58928462.html。

② 数据来源：杭州市统计局 http://tjj.hangzhou.gov.cn/art/2021/2/4/art_1229-453450_3842681.html。

售示范企业 45 家、示范街区 5 个、领军人物 20 名。 经省商务厅评选，杭州 24 家新零售企业获评省级新零售示范企业。 2020 年，作为线上线下融合的一站式新零售体验中心的典型代表盒马鲜生在杭州新开业门店 3 家，累计门店数从 2018 年的 5 家上升为 2020 年的 18 家。 新零售特色街区 8 条（口碑街 7 条，湖滨步行街 1 条），杭州天猫小店达 435 家，零售通实现天猫小店 POS（Point of Sales）机全覆盖，口碑新铺设线上线下结合的智能一体化终端设备 3000 台。 拱墅区胜利河美食街转型升级，于 2019 年 7 月底完成全部 17 家餐饮商户刷脸支付终端升级改造工作，实现刷脸支付全覆盖，为新零售进一步发展奠定了基础。

（2）电商内容不断拓展

①跨境电商加速发展。 杭州跨境电商综合试验区积极创新探索，大力支持 eWTP 建设，加快促进产业发展，杭州跨境电商发展引领全国。2019 年 6 月 13 日，李克强总理调研杭州跨境电商综合试验区时给予高度肯定，指示杭州"打造跨境电商全国第一城、全球第一流"。 跨境电商业务量全国领先，通过海关跨境电商管理平台的进口总额从 2016 年的约 20.52 亿美元增长到 2020 年约 47.33 亿美元，出口总额从 2016 年的约 60.60 亿美元增长到 2020 年约 109.40 亿美元（如图 2-3 所示）。 2020 年跨境电商进出口总额 1084.20 亿元（约 156.74 亿美元），增长 13.9%。海关系统显示，杭州海关跨境进口业务量在全国海关中居第 2 位，约占全国总量的 18%。 杭州综合试验区围绕服装、五金、电器、家纺等 15 个产业带打造跨境电商产业集群，培育跨境电商品牌累计 130 个。 全国率先落地跨境电商出口 9710 和 9810 新模式，走通保税出口包裹退换货业务、特殊区域跨境电商出口海外仓零售业务和 9610 模式下包机出口包裹退货业务，实现正向物流和逆向物流的闭环。 成立全国首家互联网法院跨境贸易法庭，立足数字化解纠纷机制创新、信息技术运用创新，构建跨境贸易多元纠纷解决机制，填补了跨境电商案件在线诉讼规则的空白。

图 2-3 "十三五"期间杭州市跨境电商进口和出口总额变化情况①

推进智能物流体系建设，以多式联运、无缝对接的综合物流体系助推跨境电商发展。2020 年 1 月杭州市挂牌成立全国首个机场综合保税区"城市货站"，实现与杭州机场货站互联互通，创新航空物流业务模式，全力打造国际一流航空货运口岸。萧山国际机场新国际快件（跨境电商）中心全面投运，国际快件出港日均 145 吨，进港日均 10 吨，航线网络进一步完善，已开通至美国、菲律宾等地国际货运航线 15 条，杭州出发货达全球的跨境电商航空物流网络初具雏形。

杭州依托综合试验区跨境电商发展优势，搭建全球首个 eWTP 公共服务平台，2020 年 3 月实现与比利时互联互通。eWTP 数字清关项目顺利落地，为境内消费者提供合法合规的跨境数字清关专属通道。eWTP 全球采购中心启动营运；eWTP 智慧物流枢纽项目完成 EPC 招标并开工建设；eWTP 菜鸟华东智能仓建成运行。发挥 eWTP 秘书处作用，加速跨境电商领域的中国经验、中国模式覆盖更多国家和地区，eWTP 商业实践向比利时、卢旺达、埃塞俄比亚等地拓展。参与跨境电商标准制定，发布《跨境电商平台商家信用评价规范》国家标准，起草《跨境电子商务质量风险识别规范》国家标准。此外，积极构建杭州跨境电商海外合作圈，涵盖海外合作园区、海外合作中心、海外合作站点、海外仓服务网络，设立法国、荷兰等海外服务站，认定 108 个海外服务网络试点企业，延伸物

① 数据来源：杭州市统计局 http://tjj.hangzhou.gov.cn/art/2021/2/9/art_1229-279240_3844507.html。

流、支付、售后等配套服务，为杭州企业"走出去"提供更好的服务。

②农村电商规模不断扩大。 2016—2020 年间，杭州市农村电商销售额从 75 亿元增长至 158.14 亿元（如图 2-4 所示）。 继 2019 年淳安县入围国家电商进农村综合示范县后，2020 年建德市也成功入围国家电商进农村综合示范县（市、区）项目。 2020 年认定 230 个电商村和 34 个电商镇，其中萧山区、余杭区和临安区入围了全国淘宝村百强县榜单，临安区昌化镇白牛村被评选为全国"最美淘宝村"。 自 2015 年以来，杭州市不断推进电子商务村的建设，经浙江省商务厅认定，目前已建成 182 个电商专业村，浙江省电商镇 29 个，年销售额超过 20 亿元。 以临安白牛村为例，全村共 1500 名村民，300 个家庭，68 家电商户，2019 年销售额已达 4.5 亿元，月均网销额约达 3800 万元。 据统计，通过电商解决本地村民就业 400 余人，占全体村民的 1/4 以上。 通过联结"网上农博"平台和邮政直供平台，全力缓解农产品滞销难题，其中"网上农博"杭州平台，入驻商家 152 家，累计销售各类农产品超 2300 吨，销售额 1585 万元；农产品电商"网红"——"千岛湖鱼妈妈"食品公司把当地的土货通过微信卖给了袁隆平院士，并荣获商务部国际电商中心颁发的"2019 年度中国农村电商致富带头人"称号。

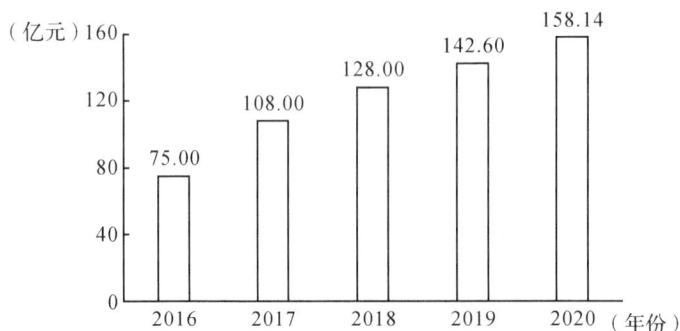

图 2-4　"十三五"期间杭州市农村电商销售额变化情况①

---

① 数据来源:杭州市统计局 http://tjj. hangzhou. gov. cn/art/2021/2/9/art_1229-279240_3844507. html。

(3)电商发展环境持续优化

①规范电商市场秩序。 杭州秉持"包容审慎、平台主体、协同治理、智慧应用"和"三不三多"治理理念，不断加大电子商务市场规范力度，打造良好电商发展生态。 截至 2020 年年底，全市共有涉网主体 14.67 万个，大型电商平台 320 个（根据浙江省网络交易监管系统数据），"独角兽"企业 31 家和"准独角兽"企业 142 家。

2020 年 4 月国家备案众创空间名单中，浙江省共有 49 家众创空间上榜，其中杭州 28 家。 2019 年杭州市出台《进一步优化网络营商环境加强部门协同治理的指导意见》，规范网络消费投诉举报处置，加强网络经营负面信息共享交流，强化恶意投诉举报部门协同治理。 2020 年全年检查网站（网店）19 373 个，实地检查网络经营者 1398 个，行政指导和约谈各类电商企业 93 家（次），下架商品 11 619 个（批），关闭店铺 342 家，办结网络交易违法案件 1690 件，罚没款 1798 万元；处置网络消费投诉举报30.19 万件。 升级"红盾云桥"，上线网络市场监管大数据协作平台，增设支持长三角网络市场一体化治理的异地协作板块；继续优化完善互联网执法办案平台。

②电商基础服务日臻完善。 2020 年，杭州市邮政行业业务收入（不包括邮政储蓄银行直接营业收入）累计完成 450 亿元，同比增长 11.86%；业务总量累计完成 1049.29 亿元，同比增长 41.18%。"十三五"期间其变化情况见图 2-5。 2020 年，杭州市快递服务企业业务量累计完成 300 081.04 万件，同比增长 12.95%；"十三五"期间其变化情况见图 2-6。全行业从业人员 7 万余人，快递业务量和业务收入均列全国各大城市第五位、省会城市第二位。 仅 2019 年，杭州以 0.7% 的全国人口贡献了全国4.2% 的快递量和 4.4% 的快递业务收入，国际及港澳台业务量占全国 10%。

③电商人才吸引力放大。 实施"112"杭州青年电商达人工程，在未来科技城成立全国首个"中国青年电商网红村"；在江干区①设立中国

---

① 因 2021 年 4 月杭州重新规划各区，全书中江干区指原江干区。

（杭州）青年电商主播培训基地；在拱墅区设立杭州物流产业青年直播基地；在富阳区设立小青团 e 家·知勤谷电商平台；成立杭州亚运青年主播志愿服务队。 通过多地设立实体化电商阵地，努力将杭州打造成全国青年电商人才的向往地。

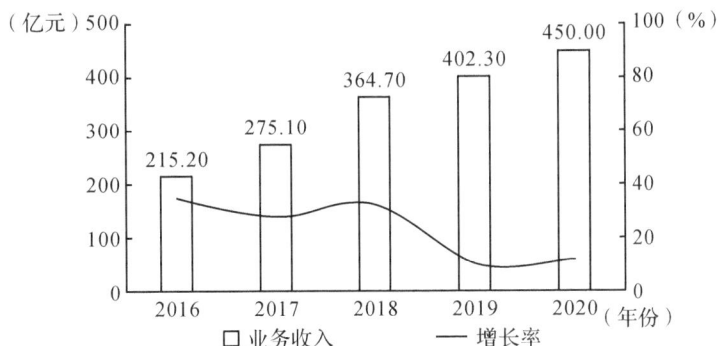

图 2-5 "十三五"期间杭州市邮政服务业务收入变化情况①

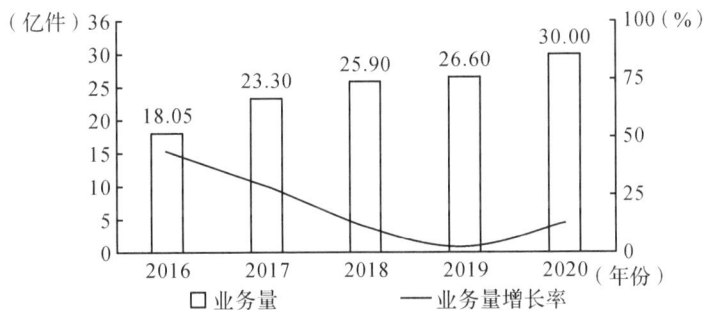

图 2-6 "十三五"期间杭州市快递服务业务量变化情况②

（4）电商影响力日益扩大

①进一步深化阿里巴巴战略合作。 2020 年 9 月，杭州市政府与阿里巴巴集团签订全面深化战略合作协议。 双方将推动五大方面 18 项合作，

---

① 数据来源：杭州市邮政管理局 http://zjhz.spb.gov.cn/xytj_3771tjxx202101/t2-0210115_3761751.html。

② 数据来源：杭州市邮政管理局 http://zjhz.spb.gov.cn/xytj_3771tjxx202101/t2-0210115_3761751.html。

并将基于"杭州一朵云"的统一架构，构建数字经济基础设施。同时，全球规模最大的全浸没式液冷数据中心——阿里巴巴浙江云计算仁和数据中心在杭州正式开服，构建安全高效的数字治理体系，全面提升杭州电商发展水平。

2016—2019 年，1688 杭州产业带通过建立杭州味通、杭州优选两个杭州产业带旗舰店，把国内外及杭州地区有特色的源头货源集中到旗舰店，采用"B—S—B—C"（Business-Supply chain-Business-Customic）线上线下合作供应链渠道模式，把人货仓整合起来，初步建成了具有全国示范效应的杭州产业带生态体系；通过帮助 160 余家入驻杭州产业带的企业开通"1688 商＋直播"，由网红直播带货吸粉来促进销售，推动了杭州优质货源辐射全国；通过为 4000 余家入驻本土企业提供咨询运营、提升运营和深度运营等不同等级的精准服务，构建了较为精细的入驻企业的服务体系；截至 2020 年 9 月底，杭州产业带已完成销售额 144.57 亿元，同比增长 7.2％，实现入驻卖家数 20 643 家，本地实力商家数 1053 家，站点综合排名首次位列全国产业带第一位，杭州产业带继续保持着健康发展态势。加大对阿里巴巴等互联网企业参观考察、大型活动的安全监管，全面掌握各大型活动筹备、运作等各个环节，全程跟踪和掌控动态情况，指导落实针对性强的安全措施，确保了大型活动进程安全有序。完成阿里巴巴集团 20 周年庆、淘宝造物节、天猫"双 11"全球狂欢节、"5·10 阿里日"活动等各类大型活动安全监管任务。

②电商帮扶工作成效显著。据统计，2019 年 1—12 月电商扶贫采购和销售金额超过 1 亿元，帮助黔东南、恩施等帮扶地区实现线上线下销售收入超过 5.5 亿元。帮助帮扶对口地区培训电商人才 1.1 万人次，带动 2.89 万人增收脱贫，累计销售农特产品 23.16 亿元。杭州市电商企业发挥平台优势，打造电商扶贫亮点工程，2019 年 4 月 21 日，杭黔东西部扶贫协作电商消费扶贫项目网易严选雷山体验馆正式开馆，该项目采用"西江景区线下实体店＋网易严选线上电商平台"相结合的模式，挖掘雷山县及黔东南州民族特色形象文化内涵，推动雷山县优质农产品销售，助推群众增收致富；2019 年 8 月 22 日，贝店举行"恩施土豆

吉尼斯世界纪录挑战赛"，经吉尼斯世界纪录认证官抽查和审核，贝店当日销售土豆 298 329.5 千克，挑战成功。该活动帮助当地农户将刚刚收获入仓的土豆销售出去，增加了农民收入，也把恩施的健康、富硒产品带给全国广大消费者；云集 2019 年一年时间为 22 个省份培育孵化 56 个农产品品牌，直接助农增收超过 800 万元；桐庐县搭建的"扶榕乐购"微信商铺，销售黔东南特色产品，销售金额累计 780.67 万元。在国家乡村振兴局公布的 2019 年企业扶贫精准案例名单中，杭州市阿里巴巴（中国）有限公司、杭州贝贝集团有限公司、杭州网易严选贸易有限公司、浙江格家网络技术有限公司入选。

③行业展示内容丰富。中国（杭州）国际电子商务博览会（下称"电博会"）每年举办，被电商业公认为最具规格、最前沿、最权威的行业盛会。电博会依托杭州"国际电子商务中心""中国数字经济第一城""新零售示范之城"的优势，充分发挥数字经济企业的引领作用和全球影响力，本着"开放、融合、赋能"的办会理念，以"新零售·新商业·新消费·新赋能"为主题，强调平台赋能作用，进一步提高国际化水平，通过"开幕式论坛＋产业论坛＋品牌论坛"，汇聚来自商务部中国国际经济合作学会、阿里国际、谷歌大中华区、Indiegogo 大中华区、Perfee、Wish 中国、什么值得买、锌财经、国贸数字、亿邦动力、黑镜科技等电商行业企业代表，打造全新的数字枢纽；现场展馆聚焦行业龙头企业、数字服务、电商产业生态链发展的内容，进一步提高品牌产业化运作。

2.1.2 存在的问题

一是杭州"电商之都"地位面临挑战。随着各类新兴电商业务的蓬勃发展，国内其他城市也在持续拓展电商产业。而杭州目前存在电子商务产业增长率放缓、领先优势逐渐减弱以及中长期面临可持续发展乏力等问题。

二是现有电商行业中规模性企业、全国知名企业数量偏少，中小微企业居多。电商生态出现结构断层现象，中小企业进阶困难。将杭州品质推向国内和国际的能力不足，电商企业间合作共赢模式有待探索。

三是无法实现全方位规范化的保障体系。网络交易监管主体总量庞大且监管存在盲区。运营监管制度滞后，电商大数据统计、交换体系尚不完善，相关诚信机制运用效果不佳，缺乏独立的评价评级机构和常态化电商评价机制，电商服务的标准化与透明化程度还需进一步提升，网络交易安全等工作监管困难。

四是电商模式仍以传统消费互联网为主，产业互联网的带领功能尚未充分实现。部分地区工业电商发展仍处于探索阶段，企业转型面临数字化挑战，新兴市场挖掘工作需要有效扶持。

五是农村电商生态体系构建尚不完善。存在农产品质量不稳定、难以标准化、产销信息不对称等问题，缺乏专业人才及时有效的指引。

六是电商行业发展迅速，人才供给侧对市场的灵敏度不足，层出不穷的电商业态对人才的要求不断升级，培养速度跟不上时代发展的脚步。

2.2 "十四五"期间面临的形势

2.2.1 电子商务是发展国内国际"双循环"发展格局的重要枢纽

以国内大循环为主体、国内国际"双循环"相互促进的新发展格局，将激发市场活力为电子商务发展迎来新契机。从国内大循环角度来看，中国经济未来发展的重要动力将来源于国内市场。杭州人口已经迈上千万量级，都市圈辐射面积广大，科技创新企业众多，日用消费品产业体系健全，零售市场需求旺盛，部分人群消费能力强，为国内大循环提供了坚实的环境基础。杭州也是中国电子商务之都，电子商务产品已经渗透到人们的日常生活当中。这使得电子商务等互联网经济已经塑造了用户的行为习惯，为"坚持扩大内需战略""同时注重需求侧改革"提供了理论和实践基础。电子商务将继续创造便利服务，创新商业模式，进一步带动消费回暖，培育壮大新的经济增长点。从国内国际"双循环"角度来看，电子商务对国内国际市场的联通作用也有助于利用两个市场、两种资源，将多元化的消费、投资、进出口需求转化为电商产业发展的新增长极。 在"双循环"发展格局背景下,杭州电子商务将充分依托自身在当前国际供应链体系的地位,融合研发、生产、装配、流通、消费、售后等系列环节,构建"开放共享、互惠互利"的数字丝绸之路,联结世界各地的创意、数据、资本等资源,为中国参与全球经济治理提供实践素材,为杭州提升城市综合能级提供重要机遇。

2.2.2　电子商务是数字经济成果的重要展示窗口

"十四五"期间,杭州市将持续实施数字经济"一号工程",全面推进各项工作建设"数字经济第一城"的战略目标。 杭州是全球移动支付最普及、全国电商平台最集中的城市,也是全国数字经济发展态势最好的城市之一。 在商贸业网络化视角下,电子商务与传统零售结合,提高社会消费品网上零售额规模,促进产业结构调整推动消费升级。 传统零售企业积极拓展线上业务,同时加强线下零售门店数字化改造,布局多样化购物场景,推动线上线下一体化,提升消费者体验。 在新一代信息技术应用下,通过全流程数据积累,优化门店商品结构和布局,开展精准服务等定制化模式,打造新型电子商务商贸流通产业链。 在制造业柔性化视角下,加强工业互联网建设,提高电子商务产品质量和附加值,培育产业自主品牌。 推动传统制造企业加快互联网和数字化改造,深化电子商务应用场景。 鼓励生产企业利用大数据、云计算针对消费侧需求进行个性化柔性生产,通过加强与产品价值链上各相关企业协同发展,优化供应链质量管理体系,创新数字经济建设成果,引导产业链向高品牌价值的服务型制造转变。

2.2.3　电子商务是杭州经济高质量发展的重要引擎

当前,把握新一轮产业变革和技术革命,加速产业结构调整,加快新旧动能转化,实现价值提升,已成为杭州经济高质量发展的"主旋律"。电子商务行业通过坚持科技创新,提高全产业生产效率,以更优经济结构夯实高质量发展基础。一方面，技术发展驱动电商前沿进步。互联网龙头企业正面向 5G 等前沿通信技术完善对各行业研究，继续深入云计算发展，推动电商企业数字化转型。大数据、云计算、物联网、人工智能等技术的广泛应用，跨越了服务生产与消费不可分离的障碍，为电子商务等新商业模式的发展提供了有利条件，进一步促进现代产业体系数字化转型。另一方面，数字经济市场规模宏大。未来国家将加快布局建设重点领域创新平台，积极打造产业创新服务综合体，推动 5G 基础建设、供应链创新应用、区块链技术应用等，推动服务业与制造业融合发展，积极发展跨界服务贸易，增强电子商务发展新动能。在疫情常态化背景下，消费者更倾向线上消费，这促使传统线下行业开始布局线上，探索线上线下融合的发展模式，以电子商务为代表的线上产业规模不断扩大。市场主体积极开拓新领域，通过与教育、金融、旅游、文化、体育等新业态的融合发展提高了电商渗透率，促进电商产业转型升级，吸引多领域人才、资本参与电商相关行业。

2.2.4 电子商务是中国构建未来世界数字治理方案的贡献

从当前面临的困难和挑战来看，受全球新冠肺炎疫情影响的国际国内形势正在发生重大转变。世界经济将在短期内遭到重创，逆全球化思潮的兴起加剧了现有国际贸易体系的不稳定，发达国家的产业回流使得新兴国家的经济增长难度增大。在原有法律框架下，全球贸易、国际供应链方法、规则不再完全适用，导致当前的国际产业链分工合作和世界贸易渠道有断裂的危险。尽管人类命运共同体理念深入人心，但动荡变革期下的多边主义面对日趋严峻复杂的环境，为避免世界退回彼此封闭孤立的状态，如何以实际行动构建重塑后疫情时代的世界，将中国的成功经验因地制宜地复制给各个伙伴国家，仍需要长期思考和探索。在此背景下，中国的电子商务行业成熟度较高，普及面较广，尤其是杭州引领着世界电子商务流通价值链的变革。这是中国构建未来人类数字经济命运共同体而贡献的一揽子解决方案和应对策略。从当前行业发展前景和趋势来看，以电子商务为代表的数字经济正改变各行各业，互联网数字科技已全面融入衣食住行。 新零售的应用让人们拥有了便捷的购物方式，直播电商的应用让人们拥有了智能的消费体验。 这些都满足了人民对更美好数字生活的向往。

然而电子商务行业热点迭代更新加快，现有的法规政策、市场渠道、平台场景、人才培养与产业发展速度不相匹配程度加深。 这是因为随着电商新业态的快速兴起，会衍生出更多的内容商、运营商和服务商等，从而不断拓展电子商务发展的新领域和新内容。 同时，围绕着电子商务所发展起来的行业生态体系能够带来更多的投资，如大数据设施建设、智能交通基础设施、产业技术创新基础设施等；挖掘人们潜在的消费需求，如网红经济、健康经济、银发经济、夜间经济等；拉动更多的出口贸易份额，如跨境电商、柔性供应链、数字贸易、新制造行业等；创造更多的就业岗位，如科技金融行业、3D 打印行业、5G 通信行业、智能汽车行业、超高清视频行业等。 随着从消费互联网到产业互联网全面升级工作的日益推进，有必要再次探索直接有效的电子商务模式使用、方式评价、激励保障等一系列政策措施。 这也为电子商务行业增强综合实力，参与企业制定标准体系，主管部门建立监测体系带来千载难逢的机遇。

2.3 总体框架

2.3.1 战略定位

持续推进国家电子商务示范城市建设，通过构筑电商产业标杆，在全省率先实现"两个高水平"的目标，巩固杭州国际电子商务中心在世界的"头雁"地位；以深化体制机制创新为重点，着力优化电子商务营商环境，加快打造"网上丝路"重要战略枢纽，助力杭州成为对国内国际"双循环"做出重要贡献的新零售示范之城，推动杭州更高层次迈进具有独特东方魅力的名城，成为"数字经济第一城"和全球影响力成果展示的"重要窗口"。

2.3.2　基本导向

(1)世界电商技术创新——杭州萌发

强化电商相关产业技术研发投入。充分发挥市场主体作用，鼓励国际知名的电商企业对新兴技术的研发，强化发展人工智能、虚拟现实、区块链等新兴技术在杭州的落地应用。深化资源创新机制。广泛集聚人才、资本等投入，引导其在杭州布局、发展。引入未来潜在技术专业，培育试验一批全球行业领先的技术领导者企业，使得杭州成为全球电商前沿技术萌发之地。

(2)世界电商生态需求——杭州支撑

支持电商引领实体经济建设。以"数字产业化、产业数字化"推动电子商务上下游产业链的协同发展。加大对电子商务生态培育和保护力度。积极发起国内外电子商务新业态服务标准与规范的制定。鼓励电商生态服务多元化发展。拓展电子商务内涵的深度与广度。积极鼓励各类电商以新形式发展，探索电商载体渗透供给、流通、需求等全领域，助力民生保障，满足人民美好生活需要。支持高校等电商人才培训机构嗅探电商行业潜在发展方向，提前布局未来行业高地，杭州成为全球电商生态云端成长的沃土。

(3)世界电商要素资源——杭州聚集

推进电商品牌价值要素。积极主导、制定电子商务新模式新业态的标准规则。增强杭州电子商务的国际影响力，充分发挥 eWTP 秘书处作用，加大电子商务"杭州方案"的国际输出。优化电商营商环境要素。依托《中华人民共和国电子商务法》，探索创新电子商务服务机制。深化和电商企业的战略合作，丰富电子商务投融资渠道，完善电子商务管理服务体系、产业政策体系、基础支撑体系和公共服务体系，使得杭州成为全球电商要素资源汇聚之地。

2.3.3 发展目标

①电商发展水平全球领先。 到 2025 年，争取实现网络零售额超过
1.3 万亿元，网络零售额持续占全省总零售额的 1/4 以上，网络零售额与
社会消费品零售额比率持续保持在 110％以上；电子商务产业产值累计增
加达 20％。

②产业主体机构有效集聚。 到 2025 年，培育或引进一批电商相关的
论坛、组织等，鼓励国际国内知名企业以电子商务总部、研发中心、展示
中心等形式在杭州市有效集聚。 平台载体建设不断推进，鼓励传统企业
电商化发展，培育农村电商平台企业 5 个左右，具有全国影响力的电子商
务类企业达到 50 家。 打造 3 个以上电商产业公共品牌，2 个以上营业额
超千亿元的电商产业示范基地。

③辅助支撑体系全面完善。 到 2025 年，电子商务企业 R&D 投入不
断增大，新兴技术类电子商务企业数量显著提升，累计达到 30 家；鼓励天
使、VC、PE 机构投资本地电子商务企业，使其在各类创业投资市场融资
规模累计超过 50 亿元；电子商务管理创新不断推进，全国首创性管理办
法等制度数量 2 个以上。

④新旧业态融合全面提升。 到 2025 年，各类实体企业电子商务数字
化融合率达 90％以上；数字生活新服务企业覆盖率达 80％；"直播＋"电
子商务应用率达 70％；对服务业增长年贡献率达 20％；新服务企业营业收
入年增长率达 20％。

2.4 小结

作为国民经济中最有活力的一个经济领域，各类电子商务新模式、新
业态层出不穷，在工业、农业、商贸流通、生活服务等领域全面快速渗
透，成为推进创新、协调、绿色、开放、共享发展的重要抓手。 杭州市电
子商务产业发达，电子商务龙头与标杆企业集聚，是"中国电子商务之

都"。 为夯实杭州市电子商务产业基础，进一步巩固产业优势，有必要对国内外电子商务产业环境、发展趋势，以及杭州市电子商务产业已有基础、存在的问题进行分析，明确杭州市电子商务发展的定位、思路、目标、主要建设任务及重点工程，集中力量、突出重点、稳步推进，将杭州建设成为具有全球影响力的国际电子商务中心，为国内国际"双循环"做出重要贡献的新零售示范之城，"数字经济第一城"成果展示的重要窗口。

3

"双循环"背景下智慧商务创新发展的设想与构思

3.1 发展现状及发展环境

3.1.1 商务创新显著成就

江干区是杭州乃至中国智慧商务的一个缩影。

江干区是中国数字智慧商务经济第一城杭州的"城市新门户"。交通是商贸业的物理基础，江干辖区内有高铁站火车东站，有汽车客运中心，连接上海及浙东、浙西的交通网络节点，实现了长三角区域"一小时交通圈"，目前已运行多条地铁线，是杭州首个地铁成网运行的城区。辖区内有多个高速入城口，城区可进入性强。辖区内三堡船闸位于京杭大运河与钱塘江的交汇口上，船闸使得运河与江海的通航运输能力极大提升：通过船闸可以北至上海、长江，东连杭甬运河直抵宁波，西边可溯富春江、新安江到达安徽，南边可经钱塘江到达浙江腹地金华、兰溪。钱塘江中上游航道全线通航，打通了浙中、浙西等地区连接沿海经济发达地区的水上通道。 杭州水运网目前已基本实现与上海港、宁波舟山港、嘉兴港的无缝对接，年均设计通过能力为 1500 万吨，长期处于超饱和运转状态。

江干区是中国数字智慧商务经济第一城杭州的"都市新中心"，经济、文化配套设施后发优势明显。 杭州市钱江新城的整个核心区都在江干区，新城既是杭州的中央商务区，也是一个活力的 CBD、智慧的 CBD，这里有杭州高档写字楼，有杭州大剧院、国际会议中心等标志性建筑，是杭州市新的经济、文化、行政中心。 钱江新城集聚了如洲际、柏悦、万豪、钓鱼台、天元等一批国际品牌酒店和高星级酒店，总体量超过 30 万平方米，客房数达到 2500 间左右，日接待游客可达 5000 人，形成了杭州高端商务会议的地标性区域。 连续数年在江干举办的世界浙商大会、人力资源博览会、创新中国总决赛、中国国际服务外包交易博览会等多项大型活动，更是让江干实现了人才、智力、经济等多方面共赢。 江干区还成立了一个"大金球"国际会展联盟——辖区内的高星级酒店、会展企业、商会、行业协会等"抱团"，有供方有买方，形成会展旅游完整产业链，进一步打造国际会议目的地。

江干区是中国数字智慧商务经济第一城杭州的"战略新中心"。 江干是承接"数字经济第一城"杭州的三大国家级战略（杭州是都市经济圈转型升级综合改革试点、中国〈杭州〉跨境电子商务综合试验区和国家自主创新示范区三大国家级战略的试点城市）的主阵地、承办国际大型活动的主场所。 江干区大力实施"推进城区国际化，建设世界名城首善之区"战略，与新加坡乌节国际控股有限公司签署战略合作框架协议。 围绕智慧商圈建设和新零售示范街区创建，加强数字消费场景应用，以民心路为纵轴，以江锦路为横轴，集聚了万象城、杭州国际中心、来福士、平安悦坊等世界顶级商业综合体的"十字金街"，折射出江干区在助力杭州建设国际消费中心城市中的干劲和风采。 同时，江干区借助新加坡乌节国际在新兴商业地产、高端物业开发方面的资源优势，切实推进江干区未来社区建设、城市更新规划等领域相关产业的发展。 在江干区全区范围内注入更多国际元素，招引国际品牌，推动商业品牌总部企业落户江干，共同促进江干零售指标增长，为江干区打造产业发展新引擎，提升江干区域发展综合价值，助推杭州成为国际化大都市。

"十三五"时期是江干区发展抢抓机遇、经受考验、开拓创新、奋力前行的时期，全区上下紧紧围绕省、市各项决策部署，"高水平全面建设国内一流现代化中心区，打造世界名城首善之区、长三角高质量一体化发展先行区"取得了新的重要进展，夺取疫情防控和经济社会发展"两战全胜"，高水平全面小康城区率先胜利建成。

(1)现代商贸业高质量发展水平持续提升

①商务高质量发展引领全市。 服务业继续走在全省前列，2020年江干区服务业增加值达885亿元，占地区生产总值比重从2015年的73.9%提升至86.3%。 "6+1"特色产业实现增加值616.5亿元，年均增长11.5%。 杭州金融城启动建设，并纳入浙江自贸区杭州联动创新区。 招商引资质量持续提升，江河汇城市综合体、一汽奥迪全国销售总部等一批产业项目先后落地。 连续两年入选"中国楼宇经济十大活力城区"，全区实现经常性税收千万元楼宇73个，其中，经常性税收超亿元楼宇（项目）15个。 中央商务区成为全球首个城市可持续发展国际标准示范区。 深入实施"双引擎"战略和新消费计划，举行系列新消费活动，新零售、直播电商经济优势持续凸显。 企业发展质量不断提升，全区累计实现上市企业12家。 杭州跨境电子商务综合试验区·江干园区被列入杭州跨境电子商务综合试验区首批园区，并被认定为杭州跨境电子商务综合试验区标杆园区。

②对外贸易实现新跨越。 对外贸易快速增长，5年来，全区累计实现外贸出口额约770.37亿元，比"十二五"期间增长约32%。 形成机械电子、纺织服装、化工建材等3个主导产业。 出口产品结构不断优化。 工具、电梯、服装等商品成为出口主导产品（2020年口罩等防疫物资为出口主导产品，1—12月出口5亿美元，占比全区17.6%）。 对外经贸经营主体不断壮大，有出口实绩企业数从2015年的302家增长到2020年的566家。 新兴市场开拓不断进步，2020年1—9月对"一带一路"市场出口比

重比 2015 年提升了约 1.5 个百分点。 直接与江干区发生贸易往来的国家（地区）从 2015 年的 152 个增长到 2020 年的 160 个。

③对外经济技术合作实现新突破。"十三五"期间，对外投资力度进一步加大，全区累计境外投资项目 81 个，比"十二五"期间增加 32 个；累计境外总投资达 10 亿美元，约为"十二五"期间的 1.7 倍。 投资方式、投资地区、投资目标、投资主体多元化趋势明显，呈现出领域广泛、方式多样、水平提高、增长迅速的特点。"十三五"期间，对外承包工程快速发展，营业额年均增速超过 10%，"十三五"期间累计营业额超过 15 亿美元。

④展会行业凸显新特色。 打造国际会议目的地首善区。 深化"大金球"国际会展联盟（下称"大金球"联盟）品牌建设，加强"一带一路"沿线国家城市精诚合作，提升活动国际化水平，推动会展业发展。 积极争取各类国际性会议、展览在江干区举办，以钱江新城为核心的高端会展市场稳步发展，泛海钓鱼台、万豪洲际酒店等已成为江干区承载国际重大会展项目、展现一流营商环境的重要平台，"十三五"期间承接 B20 峰会、第五届国际泳联世界水上运动大会、2019 年 APEC 工商咨询理事会第三次会议（ABAC）等国际性会议 20 余场，连续 4 年举办钱塘江文化节。"国际会议目的地首善区"品牌不断擦亮，获"2019 年中国最具影响力会展名区"称号。

（2）新消费新商业空间功能布局持续优化

①商务功能布局定位清晰。 进一步完善"一体两翼一带"空间布局，环机场、艮北、钱塘智慧城、城东新城、钱江新城二期等五大重点区块建设加快推进。 亚洲最大枢纽之一杭州东站成为江干区融入长三角一体化发展的重要桥头堡。 采荷街道荷花塘社区入选全省首批未来社区试点，杨柳郡·好街获评国家精品街区生活服务集聚中心，入选浙江省首届社区商业创新创信大赛总决赛前十强，邻居中心元宝塘店获得大赛最佳人气奖，成为未来社区商业发展省级样本。 社区商业规范化建设成效显著，《未来社区商业建设及运营规范》浙江省地方标准已正式立项，业态布

局、生活配套不断完善。

②营商环境名列前茅。"最多跑一次"改革持续推进，开展全省唯一一体化政务服务 2.0 平台区级试点。 政府数字化转型稳步推进，一证通办率、承诺时限压缩比等核心指标居全市前列。 全力打造民营经济发展环境第一区，出台建设一流营商环境新政 19 条，代表杭州市参加国家营商环境测评，成绩居全国前列。 标准化战略持续推进，获评全球首个城市可持续发展国际标准示范区，落户全球首个国际标准化会议基地。

③线上线下深度融合。 重点引进著名互联网企业入驻商业综合体、商业街区，打造全市首条 OMO（Online-Marge-Office）新零售商业街庆春商圈"口碑街"，推动贝贝集团建立线下实体店。 科学推进线下商业升级实施方案，强化国际化服务配套，重点对商品的流通与销售过程进行升级改造，对线上服务、线下体验以及现代物流进行深度融合。 推进四季青、杭派、苏杭、意法等市场开展"互联网＋"转型，通过自建网络交易平台或入驻第三方平台，构建网商销售平台，持续打造专业市场电子商务生态圈。

(3)新零售新业态创新模式发展持续深入

①"十三五"期间电子商务发展全省领先。 江干区电子商务发展起步早、基础好、发展快，成为全省电子商务发展先行区。 2015 年东方电子商务园获评国家电子商务示范基地，2016 年物产天地跨境电商产业生态园开园，2019 年升级为中国（杭州）跨境电子商务综合试验区·江干园区扩容园区。 江干区获批省级公共海外仓 10 个，形成覆盖电商平台、物流服务、通关及消费者售后等跨境电商全链条。 仅 2020 年，省商务厅发布网络零售数据显示，江干区实现网络零售额 1533.03 亿元，同比增长 14.8％，总额居全省第 4 位。 2020 年，实现跨境电商出口额 5.24 亿美元，进口额 2.71 亿美元；全年新招引跨境电商企业 48 家。 江干区商务局积极引入新零售品牌，增添智慧无人及刷脸支付等新零售模式，积极构建慢行生活、营造品质生活、创新智慧生活。 已引入华润万家全省首个新零售业态门店万家 Mart、麦当劳华东区首家未来主题餐厅、盒马鲜生、星球

好物等 4 个知名新零售业态门店。 其中庆春银泰拥有"喵街"App，实现线上线下同价、共享库存、与淘宝打通会员数据，利用送货智慧机器人提供配货效率。 全年共引入 8 个，其他的有杭州来福士的 TZ house、网易考拉工厂、丁兰大塘城的联华鲸选店和东谷创业园的贝仓线下买手店等 4 个新零售业态。

②服务贸易持续推动数字服务贸易创新发展。 服务贸易促进"互联网＋"文化、旅游、金融、教育、会展、知识产权等高端服务业的模式创新，输出跨境电商、大数据、人工智能等领域的新技术、新业态、新模式。 东方电子商务园获评全市首批服贸示范园区，巨星科技、浙江火电、同富云商、多麦电子、蒸汽工场等分别获评全市服贸示范、成长企业，拾贝知识产权、嘉诺会展等获评全市服务贸易创新发展项目，全区服务贸易实现较快增长，结构逐渐优化，领域不断拓展，市场不断扩大。 依托试点城市的优势，"十三五"期间服务贸易得以快速发展，年均增速 10％左右，"十三五"期间累计服务贸易出口额可达 40 亿美元。

③直播电商、新零售赋能传统企业加速转型。 聚焦江干服装、美妆批发市场的传统优势产业，加强精品推介，打造特色品牌。 比如，推动如涵控股、网红猫等直播行业头部机构与四季青服装市场、玖宝精品服装市场的合作，尝试用大主播直播带货，从传统网站、图文信息向动态、互动、直播的方向转变，促进传统电商产业升级。 5 年来，全区直播电商产业集群效应日益凸显。 集聚了国家电子商务试点城市拓展区、浙江省电子商务重点园区东方电子商务园等一批重量级直播电商基地，以及如涵、缇苏等知名 MCN（Multi-Channel Network，多频网络）机构 31 家，培育直播电商人才 2500 余人，中国直播电商联盟成功落地江干，出台《关于建设高端商务人才集聚区、推动中央商务区高质量发展的实施意见》，把直播人才等新零售新消费人才纳入高端商务人才体系。

3.1.2 商务创新发展基本形势

今后 5 年，商务发展仍处于可以大有作为的重要战略机遇期，既面临难得的历史机遇，也面临诸多风险和挑战。

从国际看,新冠疫情将深刻影响全世界,全球政治经济格局发生重大变化。随着《区域全面经济伙伴关系协定》(Regional Comprehensive Economic Partnership, RCEP)的正式签署,中国在国际贸易自由化格局中的地位逐步提高。从国内看,受国内国际形势影响,以国内大循环为主体、国内国际"双循环"相互促进的新发展格局加快形成。从杭州看,以"数智杭州·宜居天堂"为战略导向,深入推进杭州都市圈加快融合,成为人才、科技、资本、产业的集中承载区域,展示"头雁风采"。

"十四五"时期,江干区将正式开启高水平推进社会主义现代化建设新征程,经济进入高质量发展期、改革开放进入深化推进期。经济增速放缓趋势将进一步延续,新零售、新消费、新服务等互联网新经济将成为江干区的核心竞争力,数字经济全面赋能,钱塘江金融港湾、城东智造大走廊等战略上具有先发优势,成为激发全区高质量发展的关键力量。与此同时,杭州多中心格局正在加速形成,江干区创新赋能不足、发展空间较为有限、公共资源供给不足等问题也将导致发展后劲受到限制。

3.2 定位目标

3.2.1 发展定位

以"三区一窗口"为战略导向,奋力绘制钱塘江畔最亮风景线,构造商务发展"六中心"体系,打造成为杭州展现"重要窗口"的示范样板和数字化时代风采的"城市封面"。

①成为都市时尚新消费中心。以"十字金街"等标志性商业中心为引领,助力杭州建设品质消费新高地、国际消费中心城市。

②加快建设数字生活新服务中心。加快江干区内各类老旧小区、新建小区、回迁社区内的社区商业网点统一规划、定位、布局、管理,推广"互联网＋生活服务业"等新模式,打造"15分钟智慧便民生活圈",精准满足居民多样化需求。

③发展数字贸易枢纽中心。 推进浙江自贸区杭州联动创新区建设。开展数字贸易新业态、新模式先行先试。 主动对标上海自由贸易区、全面创新改革试验区，推进制度创新和政策协同，积极构建新型外贸促进体系，促进国内国际"双循环"，形成有国际影响力的"江干服务"品牌特色，打造服务贸易创新发展集聚区和平台载体，抢占国际服务贸易价值链高端。 加大"走出去"力度，使对外经济合作成为对外开放的重要载体和窗口。

④培育新零售业态模式中心。 坚持把发展经济着力点放在实体经济上，提升商贸流通产业链、供应链现代化水平，线上线下消费深度融合，发展战略性新兴产业，加快新零售、新业态、新模式迭代发展，加快数字化发展。

⑤全面实现商贸产业流通中心。 加快发展以金融科技、数字商务、新一代网络经济、数字制造等为代表的智慧经济，深入推动产业提质增效升级，实现经济再次腾飞。

⑥推进国际会展目的地示范中心建设。 深入践行"绿水青山就是金山银山"理念，突出国际会议目的地"绿色、循环、低碳"发展，以亚运会举办和白石会展中心建设为契机，逐步构建会议、展览双招双引模式，加大国际会议、国际赛事、特色节庆、演艺活动引进培育力度，培育打造若干具有国际影响力的精品项目，打响"会聚金江干"品牌，成为会展业首善之区。

3.2.2　主要目标

通过 5 年时间的努力奋斗，保持和巩固江干区作为杭州城市新中心核心区的功能地位，初步建成展现"重要窗口"头雁风采的"'双循环'典范"，成为全面建设商务发展现代化城区的实践范例。

在深化改革制度创新方面，"最多跑一次"改革深入推进，营商环境进一步优化，社会对政府服务的满意度进一步提升，企业开办更加便利，鼓励各类企业成为商业模式、业态创新主力。 新设一批自贸区杭州联动片区创新制度，全面提升贸易投资便利化水平，完善贸易投资便利化体制机制。

在顺应"双循环"、促进新经济发展方面，产业智慧化、融合化、高端化、集群化发展成效明显，全社会劳动生产率和产业附加值率显著提高，产业结构明显优化，互联网数字经济、新经贸、新零售、新消费、新服务、新制造经济成为新亮点。

在"重要窗口"空间布局方面，江干区未来成为充分展现杭州城市商业、经贸、消费、服务国际化的"重要窗口"。建设"十字金街"等成为时尚新消费中心的"新地标"，将白石会展中心建设成为会展首善之区的窗口。国内外知名企业、金融机构、服务机构在杭办事机构加快集聚，国际化教育、医疗等配套不断成熟。打造"江干服务"数字服务品牌，成为一流商务环境的新名片。

3.3　主要任务

3.3.1　高层次突出商业区位功能布局优势

①完善商业实体业态布局。紧密围绕杭州市商务发展"三圈三街三站"布局，加快江干区商业设施基础建设，重点关注办公楼宇、交通站点、生活社区等商业载体"毛细血管"，构造商务发展"六中心多网点"体系（"六中心"即新时尚消费中心、数字生活新服务中心、数字贸易枢纽中心、新零售业态模式中心、现代商贸流通中心、国际会展目的地示范中心，"多网点"即分布在各地的多个商业网点）。发挥数字经济优势，支持线上线下全渠道发展的各类商业便利设施等业态"铺楼宇、驻街站、进社区"，立体化构建江干区商业生态，全渠道满足居民日常生活需求。营造"商务在身边"的氛围，全面打造沉浸式商业样本，满足民众多层次、多样化的需求。完成四季青服装特色街区治理提升产业转型。

②建设特色商业展示景观。以"双街示范"工程为引领，积极推动将"十字金街"打造成国际化示范特色街区和杭州标杆性商业街区，适当扩

展"十字金街"范围，推动"十字金街"商业资源与江河汇商业区、钱江云环等特色商业空间有效衔接，与新塘河时尚休闲水廊、城市阳台全民生活舞台和灯光秀世界展示窗口形成立体式深度交互，形成杭州标杆性商业街区。 聚焦杭州国际消费中心城市建设，促进"智慧商圈"大提升，加快钱江新城、庆春商圈、城东商圈智慧化改造。 鼓励扶持商圈内企业举办各类促消费活动，塑造若干商业实体经济 IP 景观，形成与商务中心相匹配的高端商圈，进一步深化杭州标志性商业街区集聚、示范、引领效应。

③建设社区商业中心。 结合未来社区建设和老旧小区改造要求，新建、改造社区商业生活服务中心。 鼓励孵化一批针对社区商业中心的专业化运营机构，支持其发展自有品牌连锁运营社区、街道商业生活服务中心，为所在区域提供一站式商业生活配套服务设施。 依托"数字经济第一城"的优势，加强智慧化生活配套服务设施建设，打造"5＋10＋15 分钟智慧便民生活圈"。

3.3.2　高标准打造城市核心区新时尚消费中心

①构筑消费示范新街区。 加强消费场景应用，培育新消费商圈，建设新消费街区，塑造新商业地标，推动线上线下消费融合发展。 鼓励各商业街区资源共享，搭建消费新场景，提升消费者购物愉悦感。 鼓励各商业街区引入夜间经济形态，完善 O2O 夜间经济集聚，打造购物、集市、娱乐、文化体验、体育健身、餐饮相结合的夜间消费形式。

②突出设计效应在产品价值链中的提升作用。 鼓励设计服务机构在产品升级、市场推广、品牌传播、价值输出等活动中提供专业化服务。 同时加快"中国制造＋中国设计"的步伐，以设计提升商务产品的价值，促进中国商品与服务向国际价值链的渗透，满足人民对消费升级的需求；形成一批具有国际竞争力和影响力的设计服务品牌机构，为本土商品走向世界提供全方位、高品质的设计支撑。 科学推进时尚产业上下游业态，线上线下商业新模式合作，强化国际化服务配套，重点对时尚产业衍生商品的流通与销售过程进行升级改造，对线上服务、线下体验以及现代物流进行深度融合。

③建设时尚消费品牌集聚地。 以品牌为重点，依托万象城、平安悦坊等综合体引进国际国内知名品牌，不断提升消费供给品质。 支持国内外知名品牌在江干区设立品牌旗舰店、精品体验店、快闪店、首店等，打造时尚消费"展示之窗"。 打响"潮钱江·城市芯"钱江新城商圈知名度，精细化提升庆春商圈城市生活社区型商业集聚地，成为长三角区域国际化商业商务活力区。 鼓励国内外知名品牌资源引入，招引企业在江干区布局全球总部、亚太总部、大中华区总部，或设立研发中心、采购中心、结算中心、运营中心等机构。

3.3.3 高质量展示数字生活新服务中心

①营造电子商务数字生活体系。 加快推进市场、社区、商圈等商贸流通转型升级与数字生活相结合，大力发展生活服务业等领域的创新场景应用。 凭借自身行业优势提供数字生活全产业链的孵化服务。 打造江干区数字生活新服务集聚区等一批"新电商"基地，促进创新与就业相结合，支持中小微企业应用电子商务拓展业务领域，降低全社会创业门槛和生活成本。

②继续推进数智综合体建设。 钱江新城"十字金街"、笕桥历史文化特色街等应结合区位条件和特点，重点在现有基础上升级为具有鲜明特色和较大影响力的数智综合体。 各地要注重文化、主题、内涵，规划建设中要有自己的特点，商业分类实用，做好数字化、智能化促进商、旅、文互动融合的文章。 将数智综合体特色建设与各项建设规划衔接，制定专项规划，落实培育、建设、创建资金，以打造、培育、提升、创建为抓手，加快推动实施工作，力争在体制上、业态上、数量上实现突破。

③建设数字民生消费终端。 在国内循环和国际循环的流通、消费各个环节之间，优化电商、快递等生活服务类业态网点布局，使其对老幼等居民更加友好。 对各类老旧小区、新建小区、回迁社区因地制宜突出"数字生活便利、智慧互联便捷"的核心特征，以数字化、智能化的有效转变，提升农贸市场、超市便利店等设施，加快现代流通体系"最后一公里"的升级。

④建设江干区"数字生活新服务"示范区。 在江干区内推动形成餐饮、住宿、家政、家电维修、美发美容、沐浴、洗染、人像摄影、再生资源回收等生活服务行业应用先进技术，率先在体验服务、智慧服务、定制服务等形态上实现与特色优势领域融合创新，整合服务资源、增加服务网点。

3.3.4 高效率培育实施数字贸易枢纽中心

①做大做强数字贸易主导产业。 支持数字技术应用于电子商务场景，通过大数据、云计算、人工智能、虚拟现实等先进技术，对商品生产、流通、销售的全链条进行改造和重构，从而创新经营服务模式，增加商品及服务供给，重点发展跨境电商等新兴领域，打造具有国际影响力的电子商务产业中心。

②夯实数字贸易发展基础。 优化升级跨境电商综合试验区江干园区，打造跨境电商人才培训基地，着力打造"最优跨境电商生态圈"，合力建设数字丝绸之路。

③优化数字贸易营商环境。 推进制度创新和政策协同，提升贸易便利化水平。 发挥贸促会等组织作用，为企业在多双边经贸合作中创造条件。 建设服务贸易境外促进中心，进一步加快发展跨境电商等新兴服务贸易，深度拓展"一带一路"市场，做大全区数字贸易增量。

④融入长三角一体化发展。 加快融入一市三省建立长三角数字服务出口统一平台，通过大力发展数字云、跨境金融、数字内容等新业态、新模式，培育和带动各行业龙头企业发展。 充分利用江干区在长三角的地域优势、人才优势、文化优势、生态优势，构建长三角数字服务行业的梯队建设体系。

⑤提升数字产品国际竞争力。 着力培育发展一批拥有自主品牌、主业突出、带动作用明显、具有国际竞争力的总部型企业，形成研发设计、销售结算、生产服务发展模式，实现从"制造"向"智造"转变。实施国际品牌化战略，加大科技创新投入，鼓励企业以进口、境外并购、国际招标、招才引智等方式引进先进技术，促进消化吸收再创新。

支持企业通过自建、合资、合作、并购等方式，在海内外设立展示中心、服务体验中心、研发中心等方式将服务作为开拓国际市场的重要途径，提升服务质量，完善服务体系。鼓励行业龙头企业延长产业链，加快形成一批在全球范围内配置要素资源、布局市场网络、具有跨国经营能力的大企业。推动数字技术在电子商务等领域的应用，树立江干跨境电子商务国际品牌、数字文化服务品牌、数字金融服务品牌，打造"江干服务"品牌。

3.3.5 高起点发展新零售业态模式中心

①壮大直播经济消费新业态。以数字技术进步推动商业模式创新，以数字赋能升级零售模式，推动现代商贸业数字化发展。培育数字经济新业态，支持"直播＋商圈""直播＋夜经济""直播＋会展""直播＋旅游""直播＋文化"等模式发展，引导商贸服务行业向数字化、社交化方向转化。重点夯实钱塘智慧城数字时尚产业基础，扩大东站商圈动漫直播产业优势条件，促进直播电商新业态发展。

②培育夜间消费新零售打卡新地标。促进商、旅、文融合，重点塑造钱江新城灯光秀、夜游钱塘江、十字金街跨年倒计时等夜间经济 IP，培育十字金街、庆春广场、江河汇综合体等夜间经济网红打卡地，打造杭州国际中心 299 米观景台、综合体首店等夜间经济网红打卡点。

③推动江干区电子商务新零售行业生态发展。鼓励传统零售企业利用互联网搭建线上线下共生关系，提供定制化供应链综合服务方案，智能仓库和货柜、自动化和网络化的配送服务体系，将商家与消费者联合在一起，实现平台资源共享。推广"互联网＋生活服务业"等新模式，打造"15 分钟智慧便民生活圈"，精准满足居民多样化需求。探索未来线上线下全渠道发展的智能便利店、无人零售门店等业态进社区，以线上线下全渠道智能服务满足居民日常生活需求。

④加紧新零售业态引入。提前谋划全区新零售业态布局，注重高端化、国际化，重点引进著名互联网企业入驻商业综合体、商业街区，推动贝贝集团建立线下实体店。在新零售重点发展领域预留相应空间，用于

机器人无人餐厅、VR 智能试衣间等新零售最前沿概念的发布和示范，推动新零售业态全域发展。

3.3.6 高规格建设现代商贸流通中心

①引导企业推广贸易营销新模式。 依托传统外贸出口产品以终端消费品为主的优势，发挥江干区跨境电商龙头企业的带动作用，继续鼓励国内电商企业和传统外贸企业开展跨境电商业务，培育自主品牌和自主销售渠道；扩大跨境电商业务合作范围，推动外贸企业开拓国际市场。 加强国际快递配套服务，加大对"海外仓"建设的支持力度。 建设进口商品内销体系，鼓励外贸企业生产适销对路的内贸产品，引入国际优质商品，打通内贸、外贸两个渠道。 大力开拓"一带一路"沿线国家及 RCEP 国家市场，巩固并提高对沿线国家市场的出口比重。

②构建高效的商贸流通环境。 积极打造现代化供应、信息化追溯等"商贸流通体系"。 加快构建生产与消费深度融合的供应链，扎实推进重要商品信息化追溯体系建设，充分发挥商贸流通行业在构建国内大循环中的重要作用，立足生产、分配、流通、消费等环节，强化与其他区域的协同发展，不断形成江干区在国内大循环中的效率竞争新优势。

③提升国际化软硬件设施。 加大与国际、国内知名商圈、商业街的友好合作，提高商业国际化接待服务水平。 依托钱塘江、大运河两大水体，精细化提升庆春商圈城市生活社区型商业集聚地，打响"潮钱江·城市芯"钱江新城商圈知名度；加快建设杭州枢纽商务区，以高品质、国际化、城际化、通勤化为特色，打造成为集高端商务、精品商贸、休闲商业、酒店会展、文化旅游等功能于一体的"国内一流枢纽经济示范区"；打造江河汇城市综合体，构建集商务商业、城市旅游、世界级总部办公等多功能于一体，杭州城市国际化的新地标。 推广实施离境退税政策，鼓励本地"老字号"品牌、知名品牌企业、综合体等企业参加离境退税商店备案，扩大离境退税网点布局，为境外消费者提供便捷、高效的退税服务，完善国际化消费中心城市服务功能。

④持续推动服务贸易创新发展。 促进"数字＋"文化、旅游、金融、

教育、医疗、会展、知识产权等高端服务业的模式创新。 依托试点城市的优势，使全区服务贸易实现较快增长，结构逐渐优化，领域不断拓展，市场不断扩大。 发挥东方电子商务园作为全市服务贸易示范企业的引领作用，引导服务贸易企业集聚化、规模化发展。 支持服务贸易企业利用自身发展基础优势，大幅提升传统服务贸易数字化水平。

⑤营造江干区绿色商贸环境。 结合垃圾分类新风尚，在市场、商圈等商贸流通环节，针对电商快递循环利用、商品包装回收的问题，大力发展商贸流通等领域的低碳绿色生活创新体系。 通过建立江干区绿色商务联盟等形式，实施加强塑料污染治理有关规定，打造一批江干区绿色商贸示范项目，践行"绿水青山就是金山银山"理念。

3.3.7　高水准规划国际会展目的地示范中心

①推进会展业规划布局。 以白石会展中心项目为重点，稳步推进会展空间规划布局和会展场馆基础设施建设，打造多功能数字化会展综合体。 运用"互联网＋"推动会展业转型升级，提升展馆智慧化服务功能，充分利用"大金球"联盟，构建会展综合服务平台，积极培育展馆方、主办方、参展商对接与合作新模式，推动线上线下宣传、展示、交易，全面推动会展行业在市场运营、项目监管和服务水平方面提质增效。

②高水平发展品牌会展。 以"大金球"联盟为核心，加快推进会展行业区域组织建设，搭建政府、会展行业和会展专业机构的交流平台，带动多产业协同发展，完善会展市场化支撑体系。 借助相关部门、专业机构等平台资源，加大国际会议、展览项目、国际赛事、特色节庆、演艺活动引进培育力度，培育打造若干具有国际影响力的精品项目，围绕江干区"1＋6"综合产业体系和重点潜力产业，培育打造特色会议或展览项目。 吸引集聚具有世界影响力的品牌展会活动、高水平职业赛事、国际组织和机构，引进举办时装周、音乐节等世界级节事活动，推动展会论坛、高端商务、文化旅游等功能融合发展。

③高效率增进国际交流。 配合亚组委积极承办好亚运会。 以亚运会举办为契机，积极发挥"大金球"联盟作用，提供相应的政策支持，鼓励

和支持江干区会展企业加入主流的国际会展组织；鼓励会展企业参与国际会展组织的各类重大活动，进一步提升海外影响力。建立更加完善的国际国内交流宣传机制。以金融城及新鸿基江河汇综合体项目规划建设为契机，以会展产业为牵引，促进杭港两地金融、商业产业合作，努力建成杭港高端产业合作示范区。

④借助高端会展平台招商。以 RCEP 的成功签署为契机，鼓励社会资本投资会展业，有针对性地开展"靶向招商"，开展沿线国家和地区招商。引进国际性会议合作方，加强与在杭州投资的大型企业集团合作，建立涵盖商会、协会、企业、园区、专业中介机构等主体的招商联盟，调动各方力量和资源。引进国际专业招商机构，加大对招商中介机构的扶持力度，拓展招商渠道。

3.4 实施和保障

3.4.1 落实规划组织与建设配套支撑

——完善机构与合作机制建设。加强商务创新工作的统筹推进，统领全区商务发展工作。探索与国家、省、市级商务主管部门，其他机构驻杭部门协调机制，细化职能分工，完善商务、经信、发改、市场、财政、税务、金融、农业、文化旅游、交通、供销社等部门间的协调配合机制，形成合力工作新机制。

——组织实施重大项目和重大工程。强化项目支撑，充分发挥项目工程对加快经济社会发展的带动作用，在新零售、新时尚消费、数字贸易、服务贸易、电子商务等领域，组织实施一批关系全局和长远发展的重大项目。"十四五"期间，继续推进实施浙江自贸区杭州联动创新区在江干区的重点项目。优化重大项目和工程布局，加强实施管理。优先安排涉及商务公共服务等领域的财政支出和项目投入，进一步统筹、规范、透明使用财政资金，提高政府投资的引导力和带动力。创新运作管理，鼓励社会投资,突出企业主导、政府引导和市场运作模式。

制定实施一批重大政策和改革举措。 围绕补足短板、增强后劲、促进均衡,注重短期政策与长期政策的衔接配合,研究出台一批增进公平效率、集聚资源要素的重大政策。

——优化财政税收金融政策支持。 积极推动面向新零售、数字生活新服务、直播电子商务、服务贸易、会展等重点领域设立财政专项基金,争取中央及省市商务发展、供应链体系建设、重大项目等专项资金,积极向平台搭建、公共服务完善、人才培训等关键环节倾斜。 积极鼓励社会资本参与产业基金设立。 优化专项基金的资助方式,鼓励以政府购买服务、交易后补贴等形式予以支持,推动财政资源向有市场竞争力的企业进行配置。

——营造公平透明的发展环境。 在"放心消费建设"方面,推动主管部门大力推进监管手段和方式创新,不断健全公平竞争制度规则。 依据相关法律规范市场秩序,推进商务信用体系建设,形成奖罚分明的制度。引导企业自觉接受监管、增强规则意识、守牢法律底线,重点关注消费维权等问题,保障消费者合法权益,构建和谐共生的商业生态圈。

3.4.2 强化规划分工与政策落实

——完善规划体系。 本规划是统领商务发展的总体规划,是编制其他各类子规划、年度计划及相关政策的重要依据。 加强本规划与其他规划之间的协调,确保各类规划在总体要求、空间布局、政策取向、时序安排上相互协调一致。

——合理分解目标任务。 建立以"十四五"规划为依据的商务发展年度计划实施机制,进一步分解发展目标和主要任务,明确责任主体,形成中长期规划逐年落实、动态实施机制。

——创新商务协同工作机制。 加快探索完善政府与企业间的沟通与协商机制,努力探索新型政商关系新路径。 完善利用行业协会、企业家、资深从业者、专家学者等智力支持的体制与机制,推进商务主管部门管理工作的专业化,推动遵法守法企业的良好发展。

3.4.3　加强进展与实施环境

——动员全社会参与完善。 积极开展规划宣传和展示工作，加强规划实施的信息公开，及时公布规划实施进展情况，让公众通过法定程序和渠道参与规划的实施和监督，提高规划实施的民主化程度和透明度。 充分发挥新闻媒体、群众社团的桥梁和监督作用，营造全社会共同参与和支持规划纲要实施的氛围。

——强化行业组织作用的发挥。 理顺管理机制体制，进一步激发行业联盟、协会、高校商务研究机构等行业组织的活力，积极开展经验交流、资源对接等多种形式的活动，理顺国家、省、市、区（县）商务行业组织网络沟通交流机制，优化资源配置。 以国内国际交流合作为着力点，嫁接国内国际资源渠道，实现商务发展的"江干窗口"。

3.5　小结

本章以杭州市江干区商务创新经济发展的构思作为案例，主要阐明未来战略意图，明确工作重点，引导市场主体行为，提升人民生活质量，是指导商务创新经济未来发展的宏伟蓝图和行动纲领。

4

服务贸易创新经济发展的若干思考

4.1 服务贸易创新经济"十三五"以来的总结

4.1.1 服务贸易创新经济发展主要成绩

江干区依托杭州服务贸易试点城市的优势，在"十三五"期间持续推动数字服务贸易创新发展，促进"互联网＋"文化、旅游、金融、教育、会展、知识产权等高端服务业的模式创新，输出跨境电商、大数据、人工智能等领域的新技术、新业态、新模式，服务贸易创新经济年均增速10％左右，"十三五"期间累计服务贸易出口额可达40亿美元。"十三五"期间东方电子商务园获评杭州市首批服贸示范园区，巨星科技、浙江火电、同富云商、多麦电子、蒸汽工场等分别获评杭州市服务贸易示范、成长企业，拾贝知识产权、嘉诺会展等获评杭州市服务贸易创新发展项目，江干区服务贸易实现较快增长，结构逐渐优化，领域不断拓展，市场不断扩大。

从总量上看，近年来，江干区年均完成服务贸易出口额约 8.5 亿美元，约占全区货物贸易出口和服务贸易出口总额的 30%，年均增长超过 10%。其中 2019 年完成 9.19 亿美元，同比增加 27.35%，完成市计划的 110%。

从市场上看，越南、沙特、印尼等"一带一路"国家是江干区出口的主要目的地，"一带一路"市场年均出口额 6 亿美元，占比约 70%。美日欧等发达国家市场出口额 2.5 亿美元，占比约 30%。

从结构上看，境外建筑服务为江干区服务贸易支柱产业，占比约 75%，跨境电商服务、知识产权服务、研发设计服务、动漫、文化等新兴产业占比约 25%。

从主体上看，浙江火电、浙江邮电工程等境外承包工程企业以及巨星科技、奥的斯机电电梯等制造型企业为江干区服务贸易出口的龙头企业，4 家公司服务贸易出口额占比江干区约 80%。

4.1.2 尚存在的不足

江干区服务贸易发展虽然已经取得一定的成绩，但仍然存在一些短板与不足：服务贸易发展结构有待优化，服务贸易企业规模较小，通信服务、金融保险、专有权使用费和特许费等附加值较高的新兴服务竞争力有待提升，服务贸易统计数据来源较为单一，信息共享不足，服务贸易统计评价体系有待健全。

4.2 服务贸易创新经济"十四五"期间面临的形势

4.2.1 服务贸易前景繁荣机遇

从国际来看，服务业与服务贸易战略地位日益凸显。服务业与其他产业融合趋势增强。作为全球价值链的核心环节，技术和知识密集型服务成为影响国际分工和贸易利益分配的关键因素，传统制造领域的跨国公司纷纷向服务提供商转型。 服务业成为吸引投资最重要的领域。 2019年，世界服务出口 60 254 亿美元，占货物和服务出口之和的比重升至24.2%。 服务业投资占全球直接投资存量的比重超过 60%，服务业跨境并购占比超过一半。 数字技术推动服务贸易创新发展。 疫情推动了消费方式和工作方式的重大变革，客观上推动了数字化创新的进程，推动了生产要素向高端服务的转移和集聚。 在线教育、远程医疗、网络办公、视频会议、大数据分析、云服务等服务新业态的快速发展，显著降低了跨境服务贸易的成本，数字服务成为服务贸易转型发展的方向。

从国内来看，服务贸易发展产业基础日益雄厚。 供给侧结构性改革深入推进，有利于生产要素加快向服务领域集聚。 2019 年服务业增加值同比增长 6.9%，在国内生产总值中的占比为 53.9%，对国内生产总值的贡献率达 61.5%。 新发展格局推动服务贸易快速发展。 随着我国形成以国内大循环为主体、国内国际"双循环"相互促进的新发展格局，超大规模市场优势将得到进一步强化，人民群众对高品质产品与服务的需求会持续增长，有助于我国更好地利用国内国际两个市场、两种资源，实现服务贸易快速发展。 服务贸易发展环境日益优化。 服务贸易领域改革开放步伐加快，服务贸易创新发展试点、自贸试验区、服务业扩大开放综合试点以及高标准自贸区网络建设，都将拓展服务贸易发展新空间。

从杭州全市的发展来看，杭州市作为"互联网＋"和电商发展的重要聚集地，本地服务业基础雄厚且服务业人力资源充足，具有发展服务贸易的优势和诉求。 服务贸易政策利好持续生效。 浙江自贸试验区杭州片区、国家文化出口基地、国家数字服务出口基地等多个服务贸易发展平台为杭州市服务业开放和服务贸易发展创造重大机遇期，将进一步推动杭州市服务贸易高质量发展，加速形成服务贸易竞争新优势。

从江干区自身来看，作为杭州市主要金融、会展、数字贸易等服务贸易汇聚地，江干区产业支撑政策持续发力，从区政府到各街道锐意改革，持续推动本区产业技术服务升级的政策始终保持连续性，推进创新创业的氛围逐渐浓厚。 产业技术优势助力服务贸易，以会展服务、信息服务和金融服务外包为龙头，积极打造"双循环"服务基地、推进重点项目，促进服务贸易发展。

4.2.2 发展环境不平衡、竞争趋势严峻

从外部环境来看，世界经济发展前景的不确定性增加。一方面，受新冠肺炎疫情迅速蔓延的影响，世界经济下行风险增大，我国服务贸易发展面临的外部环境更加严峻复杂。根据国际货币基金组织（IMF）在 2020 年 4 月 14 日发布的《世界经济展望报告》，受疫情影响，2020 年全球经济预计萎缩 3%，与 2020 年 1 月发布的预测相比下调了 6.3 个百分点。IMF 还强调这是自 20 世纪 30 年代以来，全球第一次面临发达经济体和新兴经济体同时进入衰退阶段。另一方面，服务贸易国际竞争日趋激烈，发达国家力争服务贸易国际竞争的制高点，发展中国家纷纷加大支持服务贸易力度，努力向全球价值链和国际服务业分工的中高端迈进。发达国家积极推进服务贸易规则谈判，服务贸易领域国际规则制定权争夺更加激烈，我国必须面对国际经贸规则重构带来的挑战。

从内部来看，江干区面临服务贸易发展不平衡不充分的挑战。一方面，江干区知识密集型领域与新兴领域占比亟待提升，服务贸易主体中高新技术企业和科技型中小企业国际竞争力较低，服务贸易统计评价体系有待进一步健全；另一方面，随着劳动力、土地等生产要素成本的持续攀升，资源和生态环境约束趋紧，竞争性强的高新优势技术领域的培育迫在眉睫。服务贸易综合成本大幅上升及高端专业人才缺口较大，对发展新兴服务贸易、承接国际服务外包和价值链高端业务带来不利影响。服务贸易全链条、全流程、全覆盖的监管体系尚不完善，在优化审批流程、监管信息共享、数字贸易监管等方面亟须政策创新。

4.3 服务贸易创新经济发展总体框架

4.3.1 指导思想

以习近平新时代中国特色社会主义思想为指导，深入贯彻落实创新、协调、绿色、开放、共享发展理念，充分发挥江干区所在的杭州市作为国家服务贸易创新发展试点的先行先试优势，进一步强化与中国（浙江）自由贸易试验区杭州片区的联试联动，深度融入国家"一带一路"建设与长三角一体化战略，坚持改革先行、开放先行、创新先行和高质量发展先行战略，坚持以人民为中心的发展思想，大力培育服务贸易领域技术、人才、品牌、质量、市场网络等核心竞争优势，探索数字化时代服务贸易业态创新、模式创新，进一步提升"江干服务"品牌的杭州区位特色，提升国际竞争力和影响力，打造"杭州服务"品牌的样板，在全省与全市建设"重要窗口"中展现"头雁中的江干风采"。

4.3.2 基本原则

一是数字驱动，高质量引领。牢牢把握全球供应链与价值链构建、重塑、创新带来的历史性机遇，以服务贸易领域供给侧结构性改革为主线，顺应互联网、云计算、大数据、人工智能、5G、区块链等数字技术发展趋势，推动服务贸易平台化、数字化、智能化发展。加快聚集国际创新要素资源，带动服务贸易转型升级迈向产业链与价值链高端；大力发展数字服务贸易，推动服务贸易技术创新、业态创新和模式创新；最大程度释放创新创业活力，实现服务贸易管理体制、发展模式、政策促进体系创新，以此推动服务贸易更高质量与更优效益发展。

二是坚持开放，全球化发展。准确把握国际服务贸易发展趋势，对标全球最高水平开放形态，对接高标准贸易投资规则，推动由商品和要素流动型开放向规则等制度型开放转变。 打造对内对外高水平开放平台，建设法治化、国际化、便利化的营商环境，切实提升服务贸易自由化与便利化水平。 发展壮大一批具有国际竞争力的服务贸易企业主体，形成若干有国际影响力的"江干服务"区域品牌特色，抢占国际服务贸易价值链高端。 利用与发挥杭州数字服务全球领先优势，积极参与数字贸易相关领域对外服务，加快江干区在"双循环"中的服务贸易基础建设，服务全市的整体战略。

三是产贸联动，协同发展。 依托江干区数字经济、先进装备制造业和现代服务业优势，鼓励制造业与服务业深度融合，大力发展生产性服务贸易。 顺应居民消费新趋势，积极培育高附加值、高技术含量、高文化内涵的服务贸易新业态。 按照以产兴城、以城聚产的服务贸易发展模式，打造服务贸易创新发展集聚区和平台载体，建设数字服务出口基地、文化服务出口基地与中医药服务出口基地，形成开放型产业链、服务链与创新链协同式发展态势。

四是惠及民生，共享发展。 充分发挥服务贸易对稳增长、扩就业、保民生的作用，着力提高养老、卫生、医疗、教育等与人民群众紧密相关的服务品质，大力发展绿色低碳型服务贸易，鼓励和推动绿色低碳型服务贸易企业国际化发展。 深度对接国家"一带一路"建设与长三角一体化战略，将服务贸易融入国家重大战略、城市建设管理、创新创业等重大项目中进行一体发展。

4.3.3　总体目标

"十四五"期间，江干区服务贸易综合发展水平全市领先、国际一流。"全国数字经济第一城"的服务贸易发展格局基本形成，"江干服务"城市品牌竞争力和国际影响力进一步提升。 借助这一发展的有利态势，"十四五"末期，将江干区建成服务贸易杭州强区，为"长三角"服务经济开放发展新高地杭州市的发展提供新亮点。

进一步做强服务贸易主体。 到 2025 年，计划认定江干区服务贸易示范区、特色服务出口基地 40 个，引进、培育服务贸易龙头企业和机构 80

家，培育"专、精、特、新"服务贸易成长型企业和机构 40 家、服务贸易重点联系企业 50 家，建设服务贸易促进公共服务平台 10 个。

进一步打造服务贸易品牌。 服务贸易区域品牌建设取得显著成效，"江干服务"成为位居杭州前列、全球知名的国际服务品牌，形成了一批行业、企业和园区知名品牌。 江干区借助杭州服务品牌的持续建设，将着力打造本区域数字服务品牌，提升江干区跨境电子商务、计算机和信息技术服务、数字文化、数字金融等国际影响力。

4.4　服务贸易创新经济发展任务

4.4.1　强化服务贸易主体

加快对服务贸易龙头企业的培育。 围绕杭州数字服务、文化创意、旅游会展、医疗康养、国际教育等优势领域和潜力领域，进一步梳理各行业重点进出口企业和品牌企业，编制年度服务贸易龙头企业和品牌企业名录，加大对相关服务和政策支持的聚焦。 落实专人联系制度，推进培育创新能力强、综合服务水平高、具有国际竞争力的服务贸易龙头企业，支持有潜力的企业进一步创新发展，为江干区服务贸易发展树立引领示范作用。

支持中小服务贸易企业的服务创新。 设立中小服务贸易企业专项支持资金，加大对中小服务贸易企业开拓国际市场、防范出口风险等支持力度。 通过搭建中小微企业金融支持平台及互联网国际知识产权综合服务平台，针对中小服务贸易企业开展知识产权质押融资，引入保险和财政增信机制，建立知识产权质押融资风险补偿机制，解决中小服务贸易企业融资难融资贵的问题。 通过财政、金融等手段进一步强化对行业内中小企业的支持，引导中小企业融入全球价值链，促进"专、精、特、新"的中小服务贸易企业集群式发展。

参与国际市场多元化。 积极推荐优秀江干区企业参加中国贸促会、中国国际商会组织的多双边重要经贸活动，为杭州市江干区企业在多双边经贸合作平台拓展合作机会创造条件。 发挥贸促会等组织作用，积极组织企业参加各类境内外展会和线上展会，引导企业拓展多元化国际市场。 探索建设更多的服务贸易境外促进中心，在境内境外、线上线下等设立服务贸易促进中心，完善商务培训、法律咨询、跨境电商、品牌营销运营等服务平台。

4.4.2　塑造"服务贸易"品牌

集中数字贸易优势打造"江干服务"公共品牌。 推动数字技术在服务贸易中的应用，加强江干区数字服务品牌化发展工作机制。 积极推动数字技术在电子商务、文化服务、金融服务三大优势领域的应用，树立江干区跨境电子商务国际品牌、数字文化服务品牌和数字金融服务品牌。 以优势领域带动其余领域协同发展，拓展杭州江干服务贸易规模，增强国内国际影响力，合力打造"江干服务"品牌。

拓展新型业态，宣传"江干服务"特色品牌。 拓宽江干服务品牌宣传渠道，积极利用新技术、新模式、新业态，构建多维度、多领域、多层次宣传体系。 增加政府组织的宣传方式，通过大型会展、官方活动加强江干区国际影响力。 积极利用移动互联等线上方式加强江干区服务贸易宣传，深化"线上＋展会"服务贸易发展模式，利用"网展"结合方式增强江干区世界品牌宣传力度。 依托区内龙头企业海外市场营销网络，宣传杭州江干服务贸易。 应用流媒体等新模式，以直播、短视频、微商等途径强化杭州江干区企业宣传和业务。

搭建服务贸易（江干）展示区。 充分利用 RCEP 和中欧双边投资协定等有关"双边服务贸易合作机制"的条款，发挥江干区在电子商务、文化旅游、数字金融等方面的特色优势，推动服务贸易双边合作机制在江干区率先进行地方示范，探索建立服务贸易（江干）展示区。

4.5 服务贸易创新经济发展重点领域

4.5.1 打造新金融服务中心

进一步发挥江干区金融总部企业集聚优势，建设金融总部机构集聚区、金融科技创新试验区、区域性国际金融中心、创投融资中心，着力构筑金融经济新高地，打造长三角南翼新金融中心。

建设金融总部机构集聚区。 大力引进金融机构区域总部、大型财富管理机构总部、上市公司及其投融资总部等，积极推动国内外知名金融企业总部集聚，发展现金储蓄管理、债务管理、风险管理等财富管理业务，发展产业基金、母基金、私募股权以及证券投资业务，在人民币跨境使用、跨境支付等方面先行先试。

建设浙商财富管理中心。 集聚银行、证券、保险等传统金融机构总部及信托、基金、期货、资产管理公司等大型财富管理机构，重点发展现金储蓄管理、债务管理、个人风险管理、保险计划、投资组合管理、退休计划及遗产安排等产业业态，培育发展结算票据、事后监督凭证、信贷资料、国际业务资料等配套服务。

建设区域性国际金融中心。 争取在人民币跨境使用、跨境支付等方面先行先试，鼓励金融机构通过财富管理优化收入结构和盈利模式，实现经营模式的转型升级。 支持金融机构资产方实行市场化定价。 深化跨国公司总部外汇资金集中运营管理试点建设，支持符合条件的投资者设立境外股权投资母基金。

建设创投融资中心。 围绕中小企业孵化、上市企业培育、行业企业并购，积极发展产业基金、母基金、私募股权以及证券投资等，加速浙商资本回归，进一步提升金融服务实体经济水平，打造金融资产场外交易中心。

4.5.2　建设数字贸易服务体系

以跨境电子商务、跨境在线支付为核心，加快建设跨境电商基础设施，推动跨境电商向数字贸易转型升级，实现上下游产业链全生态数字化发展。

建设数字贸易促进中心。依托线上综合服务平台，加强企业与"一带一路"沿线国家服务合作，建设"一带一路"数字服务贸易促进中心。通过运用搜索引擎、社交媒体等全球互联网设施，为出口企业提供量身定制的数字营销方案，帮助企业精准定位国际市场、销往全球。

跨境电子商务创新发展。围绕跨境电子商务，推动线上支付、开展政企数据的深度应用，创新金融产品服务跨境电商方式，深入推广货物先出海后付费的模式。运用互联网技术及分享经济理念，为全球贸易产业链相关方提供高性价比的品控和贸易真实性评估服务，助力中国制造货通全球。深化建设 E 揽全球（e-Box）创新项目服务平台，为跨境电商企业提供行业政策资讯分享、跨境服务对接、跨境平台入驻等全链路服务。

推动参与跨境电商国际规则建设。利用数字经济发展新契机，不断加深杭州江干区在跨境电子商务领域规则制度参与程度，积极构建跨境电子商务管理规制。通过设立跨境电商智库等研究机构，从理论和实践层面探索跨境电商规则体系与管理制度国际接轨。对外积极宣传跨境电商规则体系，通过跨境电子商务海外业务发展，推动参与海外规则执行与实施，积极创建数字自由贸易试验区，为我国引领制订多双边经贸规则提供原始积累。

加快提升物流运输信息化、智能化水平。推进物流园区公共信息平台建设，鼓励各类平台创新运营服务模式。加强智慧物流建设，提升物流信息化水平，提高跨境运输、仓储加工、配送等组织和管理水平，实现与上下游企业、物流公共信息平台的互联互通。积极推进"互联网＋专业服务"的创新发展，实现 eWTP 和电商物流的联动建设，为跨境电商提供通关、物流、仓储、融资、征信等全方位服务。

4.5.3 营造城市消费服务环境

建设时尚消费品牌集聚地。 以质量品牌为重点，依托万象城、平安悦坊等综合体引进国际、国内知名品牌和各类首店，不断提升消费供给品质。 结合节庆时间节点，鼓励引导企业举行促消费活动，打造若干节庆活动品牌。 加大与国际、国内知名商圈、商业街的友好合作，提高商业国际化接待服务水平。 依托钱塘江、大运河两大水体，精细化提升庆春商圈城市生活社区型商业集聚地，打响"潮钱江·城市芯"钱江新城商圈知名度，成为长三角区域国际化商业商务活力区；加快建设杭州枢纽商务区，以高品质、国际化、城际化、通勤化为特色，打造集高端商务、精品商贸、休闲商业、酒店会展、文化旅游等功能于一体的"国内一流枢纽经济示范区"；打造江河汇城市综合体，构建集商务商业、城市旅游、世界级总部办公等多功能于一体的杭州城市国际化的新地标。

培育夜间消费打卡新地标。 促进商、旅、文融合，重点塑造钱江新城灯光秀、夜游钱塘江、十字金街跨年倒计时等夜间经济 IP，培育十字金街、庆春广场、江河汇综合体等夜间经济网红打卡地，打造杭州国际中心299 米观景台、综合体首店等夜间经济网红打卡点。

发展社区服务消费新模式。 推动未来社区商业标准化、数字化、品牌化布局，挖掘社区服务消费。 推广"互联网＋生活服务业"等新模式，打造"15 分钟智慧便民生活圈"，精准满足居民多样化需求。 探索未来社区建设，支持线上线下全渠道发展的智能便利店、无人零售门店等业态进社区，以线上线下全渠道智能服务满足居民日常生活需求。

4.5.4 加强外包服务进程

协调发展服务外包产业外部环境。 着力打造特色鲜明、融合创新、国际竞争力强、产业集聚效应明显、发展环境优良的服务外包产业生态系统。 计划到 2025 年，服务外包产业转型升级取得突破性进展，离岸服务外包业务年均增长 5％以上；知识流程外包（KPO）占比超过 40％。 以江干区高新技术产业开发集聚区域为支撑，建设服务外包产业发展重点示范区。

推动服务外包持续升级。发挥数字经济和数字贸易领域优势，大力发展众包、云外包、平台分包等新模式，推动工业互联网创新与融合应用，培育一批数字化制造外包平台。突出杭州特色，大力发展物联网研发、通信、金融、电子商务服务外包，加速突破云计算、大数据、大健康服务外包，持续推进应用软件开发及维护、嵌入式软件研发服务外包，加快培育文化创意、信息技术解决方案、工程技术服务外包。实施接发包并举推进，推动离岸在岸业务协调，支持服务外包企业以价值链提升为目的开展关键技术研发、战略客户开发、配套资源融合，提高发展质量效益和品牌国际影响力。

融入长三角一体化发展。加快融入"一市三省"建立长三角数字服务出口统一平台，通过大力发展数字云、跨境金融、数字内容等新业态新模式，培育和带动各行业龙头企业发展。充分利用江干区在长三角的地域优势、人才优势、文化优势、生态优势，构建长三角数字服务行业的梯队建设体系。

提升多元化国际市场地位。在巩固美、日、欧等传统主导市场的同时，加快拓展东欧、东盟、中东、拉美等新兴市场。重点对接浙江与杭州省市两级参与的"一带一路"建设方案，加速布局与以发展中国家为主的"一带一路"相关国家的经贸合作，鼓励外包企业为"一带一路"沿线大型项目提供外包服务，拓展"一带一路"沿线市场。培养一批规模大、模式新的跨境电商专业服务企业，探索在各主要发包市场和新兴市场建立合作园区的新模式。积极参与国际服务外包领域参与度，在项目管理、呼叫中心、软件开发、质量认证、金融、生物医药、检验检测等领域鼓励江干区内企业接轨国际标准。

4.5.5 鼓励地域文化服务输出

进一步加快文化服务贸易发展，继续扩大对外文化贸易规模，推动文化贸易结构优化升级，培育一批具备国际竞争力的外向型文化服务企业，打造一批具备国际影响力的本土文化服务品牌。

构建文化创意服务贸易。 打造若干文化服务贸易重点区块。 通过规划引导和有序招商，使文化创意企业围绕产业链形成集聚，进一步推动文化创意产品和服务的规模化、品牌化和国际化。 培育专业的文化经纪等行业中介机构，助力本土相关文化艺术产业做大做强。

建设数字内容产业基地。 培育一批具有较强创新能力和国际竞争力的数字内容和具有江干区位特色的地理性标志企业。 推进人工智能、虚拟现实、大数据等技术在文化创意产业中的应用，构建数字内容产业生态圈，扩大数字娱乐、数字传媒、数字出版、网络文学等数字文化贸易规模。 以铸就精品为核心、创新技术为手段、国际化发展为引领，在编剧创作、拍摄制作、后期发行、影视大数据研究、衍生产品研发等多个方面与境外知名影视机构开展合作。

推动区域性文化贸易展示中心建设。 抢抓"一带一路"建设和长江经济带发展的战略机遇，充分发挥江干区京杭运河区位功能，鼓励展示陈列厅等积极探索传统文化、文物、遗迹与当代设计的融合创新模式，推动艺术衍生品和旅游纪念品的研发与国际营销。

4.5.6 推进旅行服务贸易发展

持续推进旅游国际化战略。 提升江干区旅游国际化发展水平，为未来进一步开拓海外客源市场打好基础。 着力推进地域远程航线设计工作，加快改善旅游规划的通达性，提升区域内国际旅游交通舒适度与便捷性，进一步推动旅游目的地功能国际化进程。 强化语言、人才、金融、法治、应急等方面的环境建设，进一步提高旅游目的地环境国际化建设水平。 推动江干区数字文旅发展，实现"互联网＋"旅行社、导游、酒店、景区、餐饮、租车等一体化便捷旅游服务。

营造具有江干特质的国际化旅游产品。 立足杭州市绝佳生态、高端会奖、杭派慢乡、优质文创、活力养生等五大极品资源，整合生态观光、都市休闲、商务会展、文化创意、养生度假等产品。 促进会展、商业、旅游、文化的联动与融合发展，扩大旅游节庆活动的国内外影响力。 建设国际化精品旅游示范线，鼓励开展国际研学旅游、非遗旅游等深度旅游主题项目。

有序开展旅游国际服务贸易。 促进搭建杭州江干区与全球旅游业互联互通、共享共治的国际旅游平台。 针对日韩、港澳台等传统近程市场，深化与旅行商的合作，利用其境外实体门店资源，继续设立营销展示中心，为游客直接提供相关旅游服务和产品。 针对欧美等远程市场，采用传统主流媒体和新型网络社交媒体相结合的渠道，宣传推广杭州江干区地理形象品牌，扩大国际知名度和美誉度。 加强数字技术在旅游营销获客方面的应用。 基于消费大数据建立创新算法模型，深度剖析不同地域、年龄、性别用户的消费偏好，形成对消费者整体形象的立体描述。 引导支持传统旅行社加快网络化建设步伐，通过细分市场、特色经营提高线下获客能力，拓展新的收入增长点。

4.5.7　加快医疗服务领域合作

抓住"后疫情时期"发展健康医疗服务的全新机遇，加大医疗领域对内、对外开放步伐，积极引进国际医疗机构，开展中医药服务贸易国际合作，建设"江干健康"品牌工程。

着力发展国际医疗旅游和高端医疗服务。 积极引进国际医疗机构，鼓励在江干区的医疗机构建立国际远程会诊系统。 建立健全国际医疗服务结算体系，积极推动江干区所在医院与国际知名医疗保险机构开展深入合作，建立并完善与国际医疗保险机构费用结算顺畅衔接的支付体系，更好地满足境外人士的医疗保健服务需求。

促进中医药服务贸易发展。 积极开展境内外中医药文化和学术交流活动，鼓励本地有条件的中医（或中西医结合）医院成立国际医疗部，为境外消费者提供高端中医医疗保健服务。 鼓励和支持优秀中医药企业和医疗机构赴境外开办中医诊所、中医咨询诊疗服务机构或与境外中医咨询诊疗服务机构开展深度合作。

大力发展养生保健服务贸易。 以发展中华养生保健产业经济、弘扬中华保健文化为宗旨，推动"互联网＋养生保健"服务贸易新模式融合发展，探索通过互联网技术远程支持境外养生保健理疗、诊疗服务，鼓励区内企业搭建中华养生保健国际健康服务云平台，同时提供线上咨询、线下保健产品、全流程健康服务。

4.5.8 提升知识服务贸易水平

积极引入专业知识服务机构。 扩大知识产权领域服务业的对外开放，适当降低外国资本准入门槛，积极引进国内外高端知识服务机构。 鼓励知识服务机构在产品出口、外包、展会、投资、品牌输出等活动中提供专业化服务，形成一批具有国际竞争力和影响力的知识服务品牌机构，为本土企业"走出去"提供全方位、高品质的知识产权服务。

推进专业知识服务贸易集聚。 形成专业知识代理服务、法律服务、信息服务、财务服务、咨询服务、教育服务、文化服务、培训服务等知识领域高端服务贸易聚集区。 大力支持知识类企业的建设，向知识类中小企业提供融资支持，并与相关机构合作发起"知识服务贸易共同体"。

加大知识领域人才引育。 协助省市筹办好世界人才大会，引进专业人才、专家、青年等高层次人才。 探索国际化人才培养创新模式，创新中外合作、校企合作等培养方式，组织本地专业人才赴海内外培训交流。 加大培育业务人才，对知识领域高级管理、运营、信息分析人才等提供适当的倾斜政策。 鼓励开展知识领域职业培训，认定和扶持一批培训基地和实训基地，建设专业人才库，对经认定的知识理论实务人才给予资助。 通过建立知识服务贸易联盟等形式，为江干区知识服务贸易提供智力支持。

4.5.9 丰富会展贸易基础设施与内容

推进会展业规划布局。 以白石会展中心、九乔数字出版基地会议会展中心、丰收湖（会展功能区块）等项目为重点，加快推进会展空间规划布局和会展场馆基础设施建设，打造多功能会展综合体。

高水平发展会展品牌。 以"大金球"国际会展联盟为核心，加快推进会展行业区域组织建设，搭建政府、会展行业和会展专业机构的交流平台，带动多产业协同发展，完善会展市场化支撑体系。 加大国际会议、国际赛事、特色节庆、演艺活动的引进培育力度，培育打造若干具有国际影响力的精品项目，打响"会聚金江干"品牌。

高效率发展节事活动。 配合亚组委积极承办好亚运会，以亚运会的举办为契机，积极发挥"大金球"联盟作用，吸引集聚具有世界影响力的品牌展会活动、高水平职业赛事、国际组织和机构，引进举办时装周、音乐节等世界级节事活动，推动展会论坛、高端商务、文化旅游、品牌活动等功能融合发展。 以金融城及新鸿基江河汇流区综合体项目规划建设为契机，促进杭港两地金融、商业产业合作，努力建成杭港高端产业合作示范区。

借助高端会展平台招商。 以 RCEP 成功签署为契机，有针对性开展"靶向招商"，开展沿线国家和地区招商。 引进国际性会议合作方，加强与在杭州投资的大型企业集团合作，建立涵盖商会、协会、企业、园区、专业中介机构等主体的招商联盟，调动各方力量和资源。 引进国际专业招商机构，加大对招商中介机构的扶持力度，拓展招商渠道。

4.5.10 突出设计效应提升中国服务价值

促进设计在服务价值链的作用。 加快"中国制造＋中国设计"的双推进步伐，将现代设计理念融入产品制造过程，以设计服务提升商务产品的价值，突出设计服务在品牌传播的价值，促进中国商品与服务向国际价值链的渗透，满足人民对消费升级的需求。

夯实设计服务集聚基础。 大力支持设计类企业的建设，鼓励金融机构向设计类中小企业提供担保、融资支持，强化设计服务的知识产权保护工作。 形成以设计为核心的高端设计服务贸易聚集区，形成一批具有国际竞争力和影响力的设计服务品牌机构，为本土商品走向世界提供全方位、高品质的设计支撑。

提升中国设计的国际影响力。 探索中国设计与国际设计在标准、等级、评定等方面的互认工作。 创新中外设计师在设计服务供应链中的合作方式，孵化建设一批设计小镇并与相关机构合作发起"设计服务贸易共同体"。 抓住杭州 2022 年亚运会机遇，鼓励中国设计在国际各类体育文化赛事、行业产品会展等方面提供招投标服务、设计方案；以设计为入口带动中国文化、中国创意、中国元素向世界输出。

4.6 服务贸易创新经济发展保障

4.6.1 持续优化营商环境

提升数字政务服务水平，深入落实"最多跑一次"改革。 推动江干区政务服务公开透明，完善政府服务数字平台，汇集政府各部门政策、法规和统计数据，打破政府部门之间数据孤岛、沟通不畅的现象。 汇集杭州江干区各部门业务，打造服务企业和民众网上一体化服务端口。

切实发挥杭州江干区服务贸易发展工作领导小组作用。 以持续推进服务贸易创新发展试点为核心，强化领导小组办公室职能，完善跨部门工作协调制度，加强相关部门在服务贸易发展试点任务落实、重大项目推进、政策创新、统计数据、行业监管等方面资源共享与协调配合。

完善服务贸易绩效考核体系。 建立完善江干区服务贸易高质量发展指标体系。 探索构建包括服务产业、跨境服务贸易、服务业利用外资等在内的服务贸易高质量评价体系。

推动数字营商环境便利化。 开通国际互联网数据专用通道，探索跨境数据流动分类监管模式。 在依法合规的前提下，建立综合数字营商环境服务平台，为企业搭建涵盖丰富数据资源、数据产品和增值服务一体化的数据服务平台，实现企业需求与数据资源有效对接。

4.6.2 完善金融财税体系

加大对服务贸易发展的财税支持力度。 提升财政资金支持服务贸易发展的力度与绩效，着力提高后疫情时期资金使用效率。 加大对疫情影响大的中小服务贸易企业以及公共服务平台的精准支持力度。 优化资金安排结构，研究出台江干区服务出口重点领域指导目录，鼓励新兴服务出口和重点服务进口，支持企业积极开拓海外服务市场。 落实服务贸易类技术先进型服务企业所得税优惠政策。 落实跨境应税服务免征增值税，以及技术贸易、影视服务、离岸服务外包等出口服务适用增值税零税率政策。

鼓励金融服务创新。 支持银行业金融机构开发适合服务贸易特点的金融产品、担保方式和服务模式。 不断扩展和完善实体经济的融资业务，加大对服务贸易企业的融资支持力度。 大力发展供应链融资、知识产权质押融资、应收账款质押融资等业务，进一步扩大出口信用保险对服务贸易业务的覆盖面，简化投保手续。 鼓励银行机构和支付机构扩大跨境支付服务范围，支持江干区服务贸易企业采用出口收入存放境外等方式提高外汇资金使用效率。

4.6.3 培育人才支撑模式

创建国际人才集聚高地。 搭建人才服务平台，创造国际一流营商环境和人才生活配套条件，为海外高层次人才落户提供一站式创业服务、家庭生活配套、子女教育支持和圈层交流场所，打造杭州江干区海外高新技术人才创新创业及交流合作高地。

积极引进高层次人才。 落实"高层次人才特殊支持计划"，实施"加快推进人才国际化的意见"等人才政策，重点引进和培养一批国际化、复合型中高端人才和团队，为服务贸易构建高端外部智力支持系统。 组建区服务贸易顾问组，开展服务贸易管理人才、企业领军人才和业务人才培训，为管理人员和企业高管补充发展服务贸易所必需的知识、理论及政策解析，培育一批具有国际战略思维、开拓创新能力和市场风险防范能力的领军人才。

创新服务贸易人才培养模式。 探索国际化人才培养创新模式，创新中外合作、校企合作等培养方式，鼓励高等学校相关专业编写服务贸易相关指导手册、教材、专著等。 鼓励各类市场主体加大人才培训力度，通过认定和扶持一批服务贸易和服务外包人才培训基地和实训基地，建设一支高素质、专业化的人才队伍。 通过建立智库等形式，为江干区服务贸易提供智力支持。

4.6.4 健全统计制度

落实商务部、国家统计局《国际服务贸易统计监测制度》。依托商务部"服务贸易统计监测管理信息系统",完善江干区服务贸易企业库。扩大服务贸易重点联系企业范围,将更多企业纳入服务贸易直报系统,提高统计直报体系数据填报质量。

探索完善数字贸易等新业态统计制度和方法。争取江干区作为杭州市数字贸易等新业态统计方法的试点地区,探索新兴服务贸易业态的统计分类和数据统计测算方法。探索制定新兴服务贸易企业认定和联系制度,鼓励新兴服务贸易企业填报统计数据。

加强服务贸易数据的分析、评价与发布。完善政府部门信息共享和数据交换机制,实现服务贸易发展协调机制成员单位相关工作数据共享。通过编制与发布江干区服务贸易发展指数等形式,评估服务贸易各方面工作的成效与进展。

4.7 小结

服务贸易创新经济是"十四五"期间杭州市江干区经济高质量发展的重要推手,是杭州市江干区贯彻落实党中央和省、市各级党委发展区域经济的重大战略决策部署,是推动杭州市"城市建设"实践的落实生根,是在杭州全市范围内建设"重要创新窗口"中展现"江干人风采"的主要抓手。江干区作为杭州城市东扩的桥头堡,也是杭州城市发展战略的轴心所在,还是杭州交通枢纽中心,是杭州新的政治、经济、文化中心和 CBD(钱江新城)所在地,区内拥有浙江省最大的高教园区下沙高教园。江干区推动区域内服务贸易的持续升级,不仅推动了本区域服务贸易创新发展,必将在这一持续建设中,形成在国内外具有一定影响力的服务贸易示范区及窗口,为本区域的经济建设、杭州市的经济发展和浙江省的经济持续向上突破提供新动力。

5

会展业创新经济发展的若干思考

会展业是商务发展领域的支柱内容，是商贸流通行业的重要组成部分，具有强大的经济和社会功能，包括联系和交易功能、整合营销功能、调节供需功能、技术扩散功能、产业联动功能、促进经济一体化等。

5.1 发展基础

5.1.1 "十四五"发展成就

"十四五"期间，江干区会展业把握 G20 杭州峰会等国际重要会议、赛事契机，积极发挥区位优势、产业优势和政府管理优势，行业发展取得重大成就，主要表现在以下几个方面。

（1）大交通方面

杭州火车东站位于江干区，它也是目前杭州高铁路线始发和换乘的中心站点。据统计，2018 年"十一"小长假期间，火车东站到发旅客达 231

万人次，较 2017 年增长 8.4％。 机场方面，江干区与杭州萧山国际机场隔江相望，两地相距约 25 千米，不堵车的情况下，30 分钟内即可到达。城市交通方面，杭州现拥有地铁总运营历程 135 千米。 其中地铁 1 号、2 号、4 号线均在江干设有 3 座换乘站，3 条地铁线因此在江干区成网运营，江干区借此可通达杭州全市。

（2）硬件方面

江干区所在的钱江新城是杭州的城市 CBD，是市委、市政府所在地。它是 2016 年 G20 杭州峰会后杭州的一张新名片。 70 万盏 LED 灯分别安装在钱江新城核心区沿岸的 30 栋高层建筑外立面上，运用声、光、电等现代化的视觉效果配以大型音乐，以沿岸高楼为"巨幕"，呈现一幅幅具有"中国气派、江南韵味"的画卷。

江干区云集了各类金融保险公司、银行总部、浙商基地等知名企业及组织，已初步形成了一定规模的总部经济效应。 这里也是文化演艺的主要舞台，杭州目前最大的室内剧院——杭州大剧院就位于钱江新城，它整体造型似一轮弯月，与对面的金球——"杭州国际会议中心"交相辉映，形成"日月同辉"的美好景象。 这里更是杭州高端酒店最为集中的区域。洲际酒店集团、万豪酒店集团、希尔顿酒店集团、凯悦酒店集团、钓鱼台美高梅集团均落户于此。 截至目前，钱江新城核心区块内共有各类品牌酒店 10 家，总客房数 3207 间，总床位数超过 4000 张。

（3）商业氛围方面

江干区商业氛围浓厚，商业综合体林立，拥有继新加坡、上海、北京、成都、宁波之后的全球第六座来福士中心，也是目前规模最大、业态最为丰富的一座，因其独特的外形设计，被誉为钱塘江畔的"红酒瓶"。 另外，还有杭州高端品牌聚集地之一的万象城、"十字金街"，以及本土老牌百货集团——银泰百货庆春店等，不胜枚举，这些综合体星罗棋布，分布在钱江新城、庆春广场及火车东站周边，三大商圈也因此而形成。

在江干区的万事利集团是 2008 年北京奥运会和 2010 年广州亚运会的颁奖礼服，2014 年 APEC（Asia Pacific Economic Cooperation，亚太经济合作组织）北京会议各国领导人礼服，G20 杭州峰会丝绸系列餐单、邀请函、夫人手包及西湖巨幅壁画，2018 年在杭州举办的第十四届世界短池游泳锦标赛颁奖礼服，以及在日本举行的 G20 大阪峰会上的中国礼品提供商。在中国主场外交、大型活动赛事上，万事利集团凭借自身特有的企业文化和文创设计，为活动提供了各种服务配套产品，得到了国内外市场的一致好评。

（4）服务配套方面

硬件上，江干区虽然没有大型综合性会展场馆，但酒店会场资源丰富：共有各类会议厅 100 个，总面积 1.8 万平方米，单个最大会议厅面积 1780 平方米，可召开千人会议。软件上，江干区拥有丰富的承办会展活动的经验，先后服务过二十国集团工商峰会、"金砖五国"税务局长会议、第三届中国—中东欧国家文化合作部长论坛、中美旅游高层论坛、第五届国际泳联世界水上运动大会以及为配合亚洲文明对话大会所举办的亚洲美食节活动等。江干区还依托区内优质会展产业资源，整合会展产业上下游服务配套企业，成立了"大金球"国际会展联盟。联盟拥有区域知名企业、高端品牌酒店及优秀会议服务商，可提供专业化会展服务。联盟先后组织企业参加北京、上海会展产业交易大会，进一步打响"大金球"国际会展联盟的品牌效应。

另外，第十一届中国会议产业大会上，江干区获得"2018 年中国最具竞争力会展强区"的荣誉称号，这也是对江干区会展产业发展的最好诠释和褒奖。

（5）相关政策方面

为鼓励会展企业发展壮大，助力江干区会展产业发展，江干区结合自身实际出台了会展扶持政策。

对引进在江干区举办的大型会议按营业额给予一定比例的补助；对引

进的在江干区举办、符合产业发展导向的展览活动，根据其规模、档次给予会展机构 2 万—6 万元一次性补助。

对在江干区注册的专业会展公司、节庆会展广告公司、会议服务公司以及区外知名专业会展公司，根据其从事节庆会议展览业务的年营业收入和引进会展活动的消费额度，给予 10 万—30 万元补助。

举办超大规模，有突出影响和发展潜力的展览活动或引进超大型国际性、全国性会议，可采取一事一议的办法，单独实施补助政策。

5.1.2 存在的不足

然而，江干区会展业发展还存在一些制约，主要体现在以下几个方面。

一是会展业对产业发展的带动作用不明显。部分会展企业目前仅举办一系列的互动展示、会议、交流活动。围绕参展商所在行业及其上下游关联产业，部分办展企业不能进一步深度挖掘客商与企业的需求、满足会展产业链的纵向发展。对宣传、咨询、住宿、餐饮、交通娱乐、旅游、零售等部门尚无法进行全方位的整合。

二是会展场馆的分布不平衡。经过"十三五"期间的发展，江干区会展场馆虽有了长足的进步，但是会展场馆仍是江干区的弱项，落后于其他地区。如无特大型展馆，规模效益不明显，项目吞吐量弱。同时，江干区虽然拥有"大金球"联盟，但数量分布不平衡，主要分布在钱江新城，在规模化、专业化、信息化和智能化方面有待提升。

三是会展业影响力依然不足。在数量上，部分国际学术会议未纳入统计；经过认证的国际展览数量仍比较有限；会展公司缺少国际合作交流；临时性、散发性会议较多，长期性、固定性品牌会议、展览较少。江干区会展业在国际国内品牌影响力方面存在一定劣势。

四是会展业应急能力不足。2020 年在新冠肺炎疫情影响下，会展业受到了极大的冲击，导致原定的线下会展活动延期、停办，会展行业中的相关企业运营陷于停滞。传统会展业作为密集型的行业，会导致大量人员的聚集。有关主管部门、从业机构、参展企业对突发公共事件的应急能力存在不足，事先没有重大公共卫生事件的预案应对内外部危机。

5.2 背景趋势

5.2.1 后疫情背景下全球会展业发展趋势

随着 RCEP 和中欧双边投资协定的签署，众多国外展览公司进入中国会展市场的渠道更加畅通，并使国内会展市场竞争日趋国际化发展。 但以往的线下展会在特定时间内聚集大量人员，呈现参展时间有限、展览空间承载性不足等特点。 这类交通压力、人员流动大的会展方式，受新冠疫情影响较大。 从目前来看，全球的展览会大面积停办或延期。 后疫情时代的线下展会市场会陷入历史低迷期。 因此，线上办展模式将成为国际会展业的主流。 通过借助互联网信息技术、以 VR（Virtual Reality，虚拟现实技术）等数字化展示，可以帮助会展业在线上顺利实施，降低新冠疫情对会展业的负面影响。 在这个国际趋势下，中国会展界应做好两方面的准备，即对内抓紧线上会展基础设施，对外尽快熟悉会展国际规则。

5.2.2 国内国际"双循环"背景下会展业发展趋势

我国已进入以国内大循环为主体、国内国际"双循环"相互促进的新发展时期，无论是供给侧改革还是需求侧改革都对优质产品和服务有了更高的要求。 强大的供给支撑了国内会展业的基础，强烈的需求推进了国内会展业的发展。 供应链上下游遍布着各类优质产品。 无论是生产类产品的展会，还是服务类产品的展会，其对潜在客户的吸引力都是很高的。可知国内会展业将迎来新发展时期。

预计"十四五"时期，江干区会展业发展将迎来疫情低迷期后的复苏期和快速增长期，以 2022 年杭州亚运会为代表的一系列国际重大赛事活动的举办，将极大地提升区内会展品牌的影响力。 同时，以白石会展中心为代表的会展场馆加快建设和扩容，将极大地提升江干区大型会展项目的承载力。

5.3 指导思想与发展目标

5.3.1 指导思想

以习近平新时代中国特色社会主义思想为指导,深入贯彻落实党的十九大精神和习近平总书记在浙江、杭州考察时的重要讲话精神,坚持以人民为中心的发展思想,坚持高质量发展理念,把握亚运会举办契机,加强会展与文化、旅游、体育、教育等各行业的深度融合,发挥杭州特色产业优势,通过体制机制创新培育壮大市场主体,以杭州市会展规划为引领,着力打造江干区成为"会展之都门户,城市重要窗口"。

5.3.2 发展方向

——产业协同,引领消费。 将会展业与数字经济、文化创意、旅游休闲、新零售、新消费等优势特色产业紧密联系起来,促进产业间和行业间联动发展。 以会展为人流入口,带动餐饮、住宿、旅游、交通、零售、服务等消费活动。

——畅通循环,打造品牌。 将品牌国际化提升作为江干区会展业发展的重要着力点,培育发展区域公共品牌,以品牌增强会展行业声誉度,扩大品牌会展国际宣传影响力。

——数字赋能,拓展场景。 充分发挥江干区在数字信息技术方面的优势,积极应用城市大脑提升会展业数字化水平,对现有场馆进行数字化改造,推进会展业智慧管理。

5.3.3 主要目标

到 2025 年,初步形成硬件完善、软件领先的会展体系,不断提升江干区在全球国际会议目的地重要窗口的知名度。

——会展品牌国际化：到 2025 年，新增 UIF（Union of International Fairs，全球展览业协会）认证会展项目 10 个；列入国际大会和会议协会（ICCA）公布在江干区举办的国际会议数量达 10 个左右。 每年举办国际性展览、国际性会议 10 个左右，占全部展览的比重达到 10％左右。

——会展机构常设化：培育或孵化 10 个行业年度展览永久落户江干区，10 个国际、国家级协会秘书处、执行委员会等常设机构永久落户江干区，为江干区成为会展业标准化示范城市提供展示样板。

——会展行业精细化：细分行业，选择电商、美食、旅游等若干领域，打造 10 个会展作为该行业的特色展会。 培育一批行业知名度领先的展会"单项冠军"，通过垂直会展助力产业发展。

——会展设施智能化：依托城市大脑实现办展智能化，出台 10 个会展行业的技术标准、管理标准、服务标准等，鼓励企业在会展市场沟通、布局产业上下游产品，实现线上线下资源要素协同共享。

——会展人才职业化：有计划地打造一支专职、兼职相结合的会展人才队伍；认定一批区级"会展工匠""会展业顾问"；根据"会展运营师"职业资格认证标准，出版 10 个会展理论实训手册、职业资格教材；努力建设 10 个会展人才培养基地。

5.4　主要任务

5.4.1　增强会展业场馆建设与利用

(1)加快推进会展空间规划布局

结合城市轨道交通建设以及钱江新城二期区块（连堡丰城建设）、城东新城（一街一中心）区块、火车东站枢纽经济示范区区块、丰收湖区块九乔商贸区块建设等，优化提升区域会展空间布局，合理规划建设具有江干区特色的会展产业园。

（2）加快推进会展场馆基础设施建设

重点关注白石会展中心、九乔数字出版基地会议会展中心、丰收湖（会展功能区块）等项目建设推进情况，并以场馆为核心规划建设集会议、展览、酒店、商场等功能于一体的会展综合体，在规划建设和运营模式上可由市属国有会展企业负责建设和专业化运营。

（3）积极搭建会展产业招引资源的平台

在注重突出场馆功能性设计的基础上，充分利用高铁枢纽快速连通的引导优势，做好会展配套设施建设，构建起会展产业招引资源的平台。创新集合区块内优质会展、商务、消费等资源，利用"大金球"联盟品牌优势，以"大会展＋"融合发展模式为导向，积极搭建产业招引、资源共享、信息互通的良好平台，唱响国内外高端商务会展市场上的"江干声音"。

（4）完善会展配套设施

大力推进现有会展中心及新建会展中心的基础设施和配套设施建设，加快建设会展场馆附近的交通、住宿、餐饮、休闲、仓储等服务设施。积极打造智慧场馆，充分利用城市大脑推广和完善智慧停车、无人驾驶系统，大力增加场馆停车空间，提高会展人员送达能力，节约场馆到达搜索时间，提升会展场馆的便利性（场馆之间通达无须考虑风雨酷暑）和应急情况下人员的疏散能力。进一步提升会展产业链的配套服务力量，促进仓储物流、搭建装饰、宣传推广、信息咨询、数字技术等服务部门与会展业的协同发展，提升办展参展的整体服务体验水平。

5.4.2 提升会展国际化水平

（1）加大国际会议引进培育力度

充分发挥 G20 杭州峰会、ABAC（APEC Business Advisory Council，亚太经合组织工商咨询理事会）会议举办的后续效应，加强与国际机构、国家部委和国家级协会、学会的合作，充分发挥杭州市名院、名企、名人作用，着力引进一批高端国际会议，争取更多的国际会议在江干区举办。发挥"大金球"国际会展联盟的作用，每年定期召开会议，研究解决打造国际会议目的地首善区遇到的重大问题。加快推进国际会议目的地首善区建设，打响"会聚金江干"品牌。

（2）加大国际会展引进培育力度

加强与国际知名会展机构、企业的联系对接，引进国际知名品牌会议和展览项目。提升江干区会议和展览的国际影响力，围绕江干区"1＋6"综合产业体系和重点潜力产业，培育打造特色会议或展览项目。出台相关扶持鼓励政策，鼓励区内会展企业与会展场馆积极承办全球展览业协会（UFI）、国际大会和会议协会（ICCA）、国际展览与项目协会（IAEE）、独立组展商协会（SISO）等国际知名会议和展览业机构活动，进一步提升江干区会议与展览的规模和国际化水平。

（3）加大江干会展环境推介力度

整合资源，建立系统的会展宣传资料，加强江干区会展整体形象宣传。制作会展专题宣传片和宣传手册，在杭州主流媒体上开设会展专刊专栏，开展江干区会展产业基础及会展行业资源的宣传推广工作。紧跟杭州市步伐，充分利用商贸、文化、旅游、体育等对外交流渠道，在会展发达城市开始会展环境推介活动，打造推介展示江干区会展环境的对外良好窗口。

5.4.3 推动会展融合产业发展，引领消费

（1）推动会展业融合产业发展

聚焦江干区产业激发会展新动能。产业是会展业发展的重要基础。推进产业＋会展协同发展，实现万物可展，为传统产业与中小企业赋能，从而推动产业的快速发展。通过设立会展＋产业政策研究顾问组，做好

产业健康发展的政策后盾。 鼓励在各细分市场的优势企业通过会展布局产品、提供服务，支持垂直会展协同共进。 实现江干区会展业协同共享细分市场的资源要素从各条"单线"突破，培育一批行业领先的世界会展"单项冠军"，通过垂直会展助力实体经济发展。

（2）推动会展业引领消费作用

会展是联结国内国际"双循环"的重要节点，也是链接生产和消费的重要平台，是促进经济循环、产销贯通的润滑剂。 人民对美好生活的向往包含了超越基本生存物质需求的消费，如文化娱乐、体育休闲、高质量商品与服务等。 这些消费需求主要来源于各类展览和商业推广。

面对新人群，会展业可以在医疗美容、文创设计、动漫娱乐、旅游休闲、时尚美妆等类别，逐步激活市场消费、刺激经济发展。 同时鼓励会展企业在数字经济、科技金融、研发设计、服务贸易等领域推出专业展会，打造江干区会展在新服务、新消费领域科技展示、体验服务能力，助力"双循环"新格局的构建。 深化会展业与商业创新平台和互联网经济领军企业的互动，基于社交网络和新媒介关系，驱动新消费行为，推动服务业向专业化和价值链高端延伸。 在要素聚集、市场教育、新品测试的全场景发挥会展对江干区优势产业集聚培育、生态建设作用。

（3）助力赛事与节庆活动共同发展

以 2022 年亚运会举办为契机，提升会展业整体水平。 通过承办亚运会周边赛事进一步拓展会展业城市发展空间、提升会展业基础设施水平、传播江干区会展公共品牌形象，为会展业未来发展提供市场测试。 鼓励各市场主体积极承办更多高规格国际文化、体育赛事，大力培育本土国际文化体育赛事品牌，在南宋文化、海塘文化、钱塘江文化上，在电子竞技、钱塘江冲浪等重点领域支持一批具有一定影响力的全国性文化体育赛事，形成市场化、多元化、专业化会展模式。

整合"十字金街"等城市品牌资源，打造具有鲜明地方特色的节庆活动。 鼓励引进国内外知名的会展服务企业、目的地管理企业、集市主题策划企业落户钱江新城。编制江干区节庆活动消费行动计划，开展"集市驻金街、金街办节庆、节庆促经济"专题系列活动。发挥江干区钱江新城等地域品牌活动的示范价值，促销旅游、购物、休闲、戏曲、美术等发展，打造全民参与的"江干节日、会展集市"。

5.4.4 打造江干区会展业区域公共品牌

(1)建立江干区会展联盟

在优化现有场馆、建设白石会展中心、完善会展配套设备的基础上，充分发挥 2022 年亚运会的带动效应，建立江干区会展联盟，着力提升现有本土品牌展览的国际影响力。鼓励和支持江干区具有行业竞争力的知名展商以会展联盟抱团发展，通过引进、入股、收购等方式逐渐形成具有世界影响力的公共展览品牌，进一步提升江干区展览的国际化水平。

(2)鼓励社会资本投资会展业

以 RCEP 和中欧双边投资协定的签订为契机，鼓励社会资本投资会展业。将会展业纳入江干区经济发展重点产业目录。通过加快会展基础建设，完善会议配套设施，提升会议场馆智能化水平，加大会展服务体系支撑力度，充分发挥江干区的会展品牌形象，做优做强会展业。鼓励会展企业有效对接产业上下游优质资源，着力孵化培育一批具有世界影响力的特色会展项目，进一步提升会展业综合实力。

(3)推动企业参与国际交流

提供相应的政策支持，鼓励和支持江干区会展企业加入主流的国际会展组织，在其中争取一定的话语权；鼓励会展企业参与国际会展组织的各类重大活动，进一步提升海外影响力。建立更加完善的国际国内交流宣传机制，定期组织会展企业与国内外头部会展企业交流，强化信息共享、项目和资本合作。

5.4.5 构建完整的会展生态体系

(1)不断完善市场营商环境

优化政务服务，建立商务、外宣、应急、公安、交通、文旅、体育、经信、城管、市场等跨部门联席协调机制，创新备案程序，提高会展公共服务水平。进一步提升会展对城市、产业的影响力，充分开发会展名称、标志、商誉等无形资产，塑造"会展＋小镇""会展＋产业""会展＋人物"等若干世界知名 IP。利用知识产权保护机制，提升对会展衍生产品的创造、运用和保护水平。强化市场监管，持续规范市场发展环境，营造平等参与、有序竞争、规范运行的市场环境。

(2)重视培育会展市场梯队建设

继续重视对本地区会展企业的创优争先程度，帮助会展企业做优做强。鼓励各类会展企业在资本市场吸收外部力量，鼓励有条件的会展企业通过收购、兼并、参股等方式实现品牌化发展，形成具有国际竞争力的领军企业。积极扶持培育一批中小规模的会展企业发展。重点引导一批发展好、潜力大的企业进阶发展，选择一批创新性和带动性强的企业开展试点示范，探索会展发展新模式、新机制。邀请一批熟悉江干区会展现状发展、具有理论与实践背景的专家成立会展顾问组，不定期走访调研企业、智库等部门，设计构建具有江干特色的会展产品和服务公共品牌，不定期为省市有关领导提供调研咨询报告，通过各类媒体发布最新成果动态。

(3)积极吸收外部资源进入会展业

随着细分行业的越来越复杂，供应链中参与主体变多，产业分工越来越复杂。因此，在传统模式下，以主办方、展示商、交易商为主体的会展产业链越发显得单薄。当前的会展业不仅需要有展示，更需要经验交流和知识渗透。创新会展模式，即通过整合资源、增强补弱等方式，做到会议、展览、论坛、研讨成为相关产业链的枢纽。 继续完善发挥产业链上游、中游和下游的协同促进作用。 在会展期间，要让生产商能了解需求侧反馈，零售商能了解供给侧反馈，中间商能了解流通侧反馈，做到会展＋产业联动发展。 充分利用各类专业会展配套服务公司支撑力量，推动本地区会展业能级和水平的整体跃升。

5.4.6 推进会展业线上线下双渠道发展

(1)大力发展数字智能会展

在后疫情时代，鼓励一批头部会展企业，运用大数据、物联网、5G 通信、VR/AR、人工智能等信息技术，将会议、展览、赛事等各类会展活动从单一的线下渠道向线上线下双渠道拓展。 加大招商引资力度，既鼓励现有会展公司加快数字化的进程，也鼓励信息科技公司投资会展业务。积极孵化培育新兴会展企业，利用江干区直播经济、服务贸易、数字经济等优势创建新型会展公司，形成新的会展增长力量。 对产业链上的包括策划、组织、设计、布展、服务和运营及相关配套服务活动等在内的各种内容做出数字化解决方案，对参展企业、观展企业各种需求做出配置响应。

(2)加快会展行业管理数字化

依托城市大脑数据终端，充分发挥大数据优势，整合相关职能部门单位的信息共享和业务联系，贯彻落实"最多跑一次"理念，支持场馆、组展、策展参展单位线上申请、报备、统计有关信息。 以会展为中心所产生的一切数据资源，可以在城市大脑——会展场景一站式提供。 实现数据即时、在线、准确，方便会展行业管理人员和从业人员掌握场馆档期、会展项目、展览进度、观展状态等内容。

同时线上收集、分析、整合其他地区会展行业的各类信息。 对由知名会展企业、会展服务企业主办的会议、展览、赛事活动等进行持续跟踪，加强对标改进，在此基础上提供多样化的服务，实现会展行业的智慧管理，进一步提升江干区钱江新城、白石会展中心产业的能级。

(3)加快场馆设施的数字化

将展馆周边及馆内的地图服务、会议会展信息、会展现场电子商务交易功能、展商所提供的营销服务等各类会展活动相关的信息和服务数字化，为专业观众提供多样化的服务，实现会展行业的智慧管理。 充分利用物联网、大数据技术等信息手段，在征得参展人、观展人同意的基础上，记录观展人的轨迹，进行展位客流统计分析，实现展会数据收集等基础和功能，并分析参观人员的参观路线。 可视化展示各种商流、物流、人流和信息流，实现观展社交分享推荐、展会信息实时交流、行程导航交流共享等。

5.4.7 挖掘会展行业未来发展潜力

(1)持续保障人才来源供给渠道

加强会展策划、组织、运营等专业型人才的培养引进，加大对大学生、退役军人、残疾人、小微工商户等会展后备人力资源的培养。 制定各类型人才能力的评价体系。 鼓励企业联合高校等机构为现有人才提供针对性的深化改造课程和计划，多形式、多渠道开展人才职业能力、继续教育培训，增强会展企业竞争力。

(2)完善会展市场统计监测分析体系

增强会展项目公共服务保障能力，明确公共服务保障工作的内容、标准和责任分工。 充分发挥"大金球"国际会展联盟服务企业、服务产业的积极作用，建立会展业统计监测分析体系，及时统计分析会展业数据，研究会展业发展动态，定期发布会展业动态信息。 制定行业规范，提高行业自律水平，引导会员规范经营。

(3)加快推进会展行业区域组织建设

进一步完善"大金球"国际会展联盟组织建设，确定联盟日常运维机制和基本配备。 充分发挥"大金球"国际会展联盟平台作用，制定工作规划，积极开展课题研究，以促进联盟内部交流，研讨江干区会展产业发展路径及方向，持续推广联盟品牌效应，发挥联盟组织内生动力，从而带动多产业协同发展，促进区域经济持续提升，区域营商环境持续优化。

5.5 保障举措

5.5.1 加强领导机制保障

（1）强化区级政府会展管理职能

完善统筹协调机制。 负责全区会展业的统筹规划、协调管理等职能，定期研究决定会展业的发展政策、扶持资金、场馆设施（会议、展览、赛事和演艺场馆）、运作机制等重大问题；协调重大会展活动的组织实施、服务保障、规范管理等工作。

加强政策指导和服务工作。 定期发布会展活动指导目录，明确会展业发展重点和引导方向；组织宣传推介国际会议目的地、国际赛事举办地、会展企业和品牌会展，引进国际会议、大型展览活动和国际赛事。

（2）完善重大会展活动综合保障机制

完善重大会展活动综合保障机制。 定期开展会展业工作联席会议制度，联席会议由商务局领导主持，协会、相关职能部门及会展骨干企业共同参与，统筹协调会展业发展中的重大事项，为会展业顺利实施高水平、高质量运营提供制度保障。 对于重大会展活动，在会展业工作联席会议下组建专责小组，由活动主管部门、相关职能部门及其他相关单位组成，完善突发事件处置预案，保障会展活动顺利开展。

5.5.2 加大政策支持力度

(1)扩大会展业发展资金规模

加大会展业发展专项资金扶持力度,合理调整会展专项资金的使用办法,确保企业能够及时把专项资金运用到展会项目上去,更好地发挥财政资金在促进会展业发展中的引导和激励作用。 鼓励和培育会展龙头企业主导成立会展业产业基金、会展银行等,积极拓展产业发展的融资渠道。 鼓励金融、担保机构加大对小微会展企业的贷款,开发针对会展业的保险服务产品。

(2)落实税收扶持措施

自发生新冠肺炎疫情以来,会展行业受到了严重的打击,在国内疫情管控常态化、国际疫情反复暴发的大背景下,会展行业的企业面临着现金断流、成本支出增加等巨大压力,会展主管部门主动协调财政、税收、交通、旅游、体育、教育、科技等部门,确保会展企业纳入政策扶持范围,制定具体落地措施,打通梗阻堵点,使会展企业能够精准享受到政策优惠。

5.5.3 健全会展行业统计评价体系

以第三方机构为主导,逐渐形成较为科学、合理的会展业竞争指标和评价体系。 以"定性＋定量"的评价模式,通过发布会展指数等形式,进而总结提炼行业发展规律,为会展综合保障、会展品牌价值提升提供智力支持,为会展场馆建设管理提供数字化标准,为会展场馆档期内容管理等提供分析依据。 可根据调查梳理形成的各类会展指标评价体系,利用大数据等技术,提高评估效率,使第三方评价更有信度和效度。

5.5.4 完善监管体系

认真贯彻落实《杭州市会展业促进条例》,探索建立行业自律机制,营造优良的营商环境,促进会展业规范健康发展。 完善参展企业信息披露机制，营造"守信受益、失信惩戒"的社会氛围，改善市场信用环境。完善会展企业信用评级机制，数字展会知识产权投诉、申诉管理流程。 探索建立线上展会产品宣传和纠纷解决担保责任机制。

5.6 小结

会展业创新经济是"十四五"期间杭州市江干区经济高质量发展的重要推手，未来发展将迎来疫情低迷期后的复苏期和快速增长期，以亚运会为引领的一系列国际重大赛事活动的举办，将极大地提升杭州城市的品牌号召力。"后峰会、前亚运"的重要交叠期，将吸引一批国内外重大会展项目落户杭州，同时以大会展中心、新城会展中心、国际博览中心、白石会展中心为代表的会展场馆加快建设和扩容，将极大地扩大杭州大型会展项目的承载力，引领全国会展业数智创新方向发展。

6

基于跨境电商试验区创新
经济空间联系研究

在城市间经济联系、辐射格局的研究方面，已有学者做了探索（Zheng，2016）。彭芳梅（2017）通过引力模型将粤港澳大湾区进行了社会网络分析，得出了其周边城市经济空间联系。李陈（2016）构建了类似的引力模型测度，研究了浙江省某市的中心镇空间联系。这些都为跨境电商综合试验区的建设提供了借鉴。

6.1 引力模型及其改进

6.1.1 对引力模型的介绍

国内外学者在城镇空间相互关系方面做了大量的探索。（Siewwuttanagul，2016）目前在研究方法与模型方面等理论和实证研究的热点问题中，一直应用得较多、较成熟的是引力模型。（何胜，2014）

经济地理学的引力模型是物理学的万有引力定律基于距离衰减效应在

经济学方面的应用实践，如公式所示：

$$F_{ij} = G\frac{M_i M_j}{D_{ij}^b} \qquad (6\text{-}1)$$

式中，F_{ij} 为区域 i 与区域 j 之间的吸引力，M_i 和 M_j 分别为两个区域的质量，D_{ij} 为两个区域之间的距离，b 为距离系数，G 为引力系数。

由于部分城市拥有某些优势资源和出色条件，存在城市综合实力差异的结果，使得彼此间的吸引力绝对值呈现单方向为主。这也充分说明城市间吸引力是不对等的。因此，本文根据城市吸引力不对等的特征，对引力模型进行了如下改进。

6.1.2 对引力模型中城市质量 M 和距离 D 的改进

现阶段，跨境电子商务综合试验区的物理范围，即为所在地城市的行政地理范围。因此各个跨境电子商务综合试验区的综合实力受所在地城市的经济社会发展、财政收入、地区配套设施、生活消费水平等多方面综合实力差异的驱动。为反映这种内容，本文综合参考倪鹏飞（2012）、唐晓灵（2016）、孙久文（2016）的相关研究成果，并根据实际情况从总体发展程度、地区发展程度、经济发展程度、消费水平程度等 4 个维度选取 18 项指标来构建跨境电子商务综合试验区质量综合实力评价体系，见表 6-1。

基于此，本文采用均方差决策法进行权重分配，加权求和的方法计算各个跨境电商综合试验区综合实力，如公式所示：

$$M_i = \sum_{k=1}^{n} W_k \times L_k \qquad (6\text{-}2)$$

式中，M_i 为地区 i 的综合实力值，W_k 和 L_k 分别是地区 i 中组成综合实力的第 k 项指标的权重和指标值。

与此同时，考虑到省域内各城市间距离适中，大多数省内快递包裹通过公路配送。为充分考虑各城市间的交通条件对本模型的影响，本文综合通行距离和通行费用计算并设定物流距离，并设置距离摩擦系数取值为1，同时按公式计算各城市间的物流距离。

$$D_{ij} = T_{ij} \times P_{ij} \qquad (6\text{-}3)$$

式中，T_{ij}，P_{ij} 分别是城市 i 到 j 的单位通行距离和通行费用。由于数值过大，为避免质量 M 和距离 D 的除商数计算值过小，通过取对数进行变换计算取值。

表 6-1　改进引力模型中城市质量与距离指标体系

维度	准则层	具体指标	单位
城市质量	总体发展程度	生产总值	亿元
		人均生产总值	元
		年末常住人口	万人
		全社会就业人员年末数	万人
		财政总收入	亿元
	经济发展程度	进口总额	亿美元
		出口总额	亿美元
		住户存款年末余额	亿元
		金融机构年末存款余额	万元
		金融机构年末贷款余额	万元
	地区发展程度	国际互联网用户数	万户
		高等学校人数	人
		R&D 经费支出	万元
		境内公路里程	千米
		高速公路里程	千米
	消费水平程度	跨境网络零售出口	亿元
		网络零售	亿元
		社会消费品零售总额	亿元
		国际旅游收入	万美元
城市距离	物流	通行距离	千米
	距离	通行费用	元

（资料来源：作者整理。）

6.1.3 对引力常量 G 的改进

因为跨境电子商务综合试验区的所在地城市行政级别、人口规模、产业环境等社会经济发展综合实力各不相同，所以各地跨境电子商务综合试验区对外影响力辐射和被外界影响程度，即引力值和被引值也是互有差异的。

本节利用跨境电子商务综合试验区相互间综合实力的吸引关系对引力常量 G 的大小进行改进构造，如公式所示：

$$G_{ij} = \frac{M_i}{M_i + M_j} \tag{6-4}$$

$$G_{ji} = \frac{M_j}{M_j + M_i} \tag{6-5}$$

其中，G_{ij} 是地区 i 综合实力与地区 i、地区 j 这 2 个地区综合实力总和的比值，代表地区 i 对地区 j 之间的引力。G_{ji} 是地区 j 综合实力与地区 j、地区 i 这 2 个地区综合实力总和的比值，代表地区 j 对地区 i 之间的引力。G 的值越接近 1，说明该地区 i 对地区 j 之间的地区吸引力越大，越接近 0，说明该地区 i 对地区 j 之间的地区吸引力越小，反之亦然。这种情况均说明地区间存在综合实力强弱比，可知 $G_{ij} + G_{ji} = 1$。当 G 值接近 0.5 时，说明两地区间影响力相对平衡，综合实力相当。

在改进引力模型下，各地区间综合实力的大小能够充分体现出地区间相互吸引力的不平衡。在此情况下，地区 i 的对外辐射总强度和接受其他地区影响强度也可以通过计算得到，即吸引值和被引值，如公式所示：

$$F_{ij} = G_{ij} \frac{M_i M_j}{D_{ij}^b} \tag{6-6}$$

$$F_{ji} = G_{ji} \frac{M_i M_j}{D_{ij}^b} \tag{6-7}$$

$$AT_i = \sum F_{ij} \tag{6-8}$$

$$AD_i = \sum F_{ji} \tag{6-9}$$

公式 6-6 中，F_{ij} 为地区 i 对地区 j 的辐射联系强度，可认作吸引值，公式

6-7 中，F_{ji} 为地区 j 被地区 i 的虹吸联系强度，可认作被引值。公式 6-8 中，AT_i 为地区 i 对其他所有综合试验区吸引力强度的总和，表明该地区对外吸纳影响的总体辐射程度；公式 6-9 中，AD_i 则是地区 i 受到其他所有地区虹吸效应强度的总和，表明该地区受其他地区虹吸影响的总体被引程度。

6.2 实证分析

6.2.1 研究区域与数据来源

根据国务院同意设立跨境电子商务综合试验区的批复，自 2015 年以来，分 5 批在杭州、宁波、义乌、温州、绍兴、湖州、嘉兴、衢州、台州、丽水等 10 个城市设立中国跨境电子商务综合试验区，见表 6-2。这些地区基本覆盖浙江省行政区域，跨境电商综合服务能力不断增强，工业和信息化融合发展，配套互联网服务行业水平稳步提升，新型制造产业集群带建设推进加快；省内交通基础设施建设良好，国际级海港、空港、陆港等对外通道齐备，省内高速网络覆盖所有重要城市，物流便捷。

表 6-2　浙江省内各城市跨境电子商务综合试验区列表

所属地区	名　称	获批时间	批次
浙江省	中国(杭州)跨境电子商务综合试验区	2015 年 3 月 7 日	第一批
浙江省	中国(宁波)跨境电子商务综合试验区	2016 年 1 月 6 日	第二批
浙江省	中国(义乌)跨境电子商务综合试验区	2018 年 7 月 24 日	第三批
浙江省	中国(温州)跨境电子商务综合试验区	2019 年 12 月 24 日	第四批
浙江省	中国(绍兴)跨境电子商务综合试验区	2019 年 12 月 24 日	第四批
浙江省	中国(湖州)跨境电子商务综合试验区	2020 年 4 月 27 日	第五批
浙江省	中国(嘉兴)跨境电子商务综合试验区	2020 年 4 月 27 日	第五批

所属地区	名　　称	获批时间	批次
浙江省	中国(衢州)跨境电子商务综合试验区	2020 年 4 月 27 日	第五批
浙江省	中国(台州)跨境电子商务综合试验区	2020 年 4 月 27 日	第五批
浙江省	中国(丽水)跨境电子商务综合试验区	2020 年 4 月 27 日	第五批

(资料来源:作者整理。)

考虑到跨境电子商务综合试验区的地理范围为所在城市行政区域，在获得批准成立之前已经在前期投入大量资源建设，因此在实证分析中，经济社会数据取最新值。数据来源于《浙江统计年鉴 2019》，地区间物流距离通过地图类大数据平台提取获得。

6.2.2　城市综合实力计算过程

在计算过程中，根据评价指标体系收集数据，采用归一化方法（$i=a_i / \mathrm{Max}（a_i \cdots a_j）$）对各指标原始数据进行处理以消除量纲影响。总体发展程度、地区发展程度、经济发展程度、消费水平程度标准化值见表 6-3、表 6-4、表 6-5、表 6-6，跨境电子商务综合试验区综合实力各维度权重分配见表 6-7。

表 6-3　总体发展程度

所属市	生产总值	人均生产总值	年末常住人口	全社会就业人员年末数	财政总收入
杭州市	1.000	1.000	1.000	1.000	1.000
宁波市	0.795	0.946	0.836	0.777	0.768
温州市	0.445	0.464	0.943	0.827	0.259
嘉兴市	0.361	0.741	0.482	0.482	0.259
湖州市	0.201	0.644	0.309	0.275	0.142
绍兴市	0.401	0.769	0.513	0.498	0.235
义乌市	0.092	0.683	0.134	0.135	0.044
衢州市	0.109	0.478	0.225	0.194	0.060
台州市	0.361	0.567	0.626	0.586	0.216

所属市	生产总值	人均生产总值	年末常住人口	全社会就业人员年末数	财政总收入
丽水市	0.103	0.454	0.224	0.207	0.061
均值	0.387	0.675	0.529	0.498	0.304
均方差	0.303	0.194	0.314	0.299	0.321

（资料来源：作者整理。）

表 6-4　经济发展程度

所属市	进口总额	出口总额	住户存款年末余额	金融机构年末存款余额	金融机构年末贷款余额
杭州市	0.561	0.568	1.000	1.000	1.000
宁波市	1.000	1.000	0.657	0.478	0.539
温州市	0.068	0.234	0.663	0.302	0.278
嘉兴市	0.265	0.363	0.373	0.209	0.189
湖州市	0.038	0.139	0.213	0.116	0.108
绍兴市	0.064	0.369	0.409	0.212	0.208
义乌市	0.013	0.455	0.153	0.074	0.068
衢州市	0.039	0.042	0.117	0.062	0.062
台州市	0.068	0.277	0.459	0.216	0.203
丽水市	0.007	0.040	0.155	0.064	0.054
均值	0.212	0.349	0.420	0.273	0.271
均方差	0.325	0.286	0.285	0.286	0.294

（资料来源：作者整理。）

表 6-5　地区发展程度

所属市	国际互联网用户数	高等学校人数	R&D经费支出	境内公路里程	高速公路里程
杭州市	1.000	1.000	1.000	1.000	1.000
宁波市	0.825	0.347	0.595	0.684	0.897
温州市	0.806	0.206	0.235	0.544	0.577
嘉兴市	0.378	0.164	0.299	0.499	0.622

所属市	国际互联网用户数	高等学校人数	R&D经费支出	境内公路里程	高速公路里程
湖州市	0.379	0.062	0.164	0.489	0.505
绍兴市	0.429	0.230	0.276	0.614	0.698
义乌市	0.185	0.019	0.031	0.093	0.120
衢州市	0.177	0.033	0.044	0.509	0.668
台州市	0.481	0.082	0.173	0.788	0.708
丽水市	0.173	0.049	0.043	0.937	0.663
均值	0.483	0.219	0.286	0.616	0.646
均方差	0.297	0.294	0.302	0.259	0.235

（资料来源：作者整理。）

表 6-6　消费水平程度

所属市	跨境网络零售出口	网络零售	社会消费品零售总额	国际旅游收入
杭州市	1.000	0.372	1.000	1.000
宁波市	0.335	0.174	0.727	0.567
温州市	0.371	0.169	0.584	0.393
嘉兴市	0.343	0.031	0.339	0.391
湖州市	0.107	0.008	0.227	0.569
绍兴市	0.101	0.029	0.351	0.092
义乌市	0.288	0.532	0.117	0.521
衢州市	0.052	0.012	0.126	0.008
台州市	0.225	0.034	0.414	0.086
丽水市	0.066	0.017	0.119	0.005
均值	0.289	0.138	0.400	0.363
均方差	0.278	0.181	0.293	0.320

（资料来源：作者整理。）

表 6-7　各维度权重分配

目标	准则层	权重	具体指标	权重
城市质量	总体发展程度	0.267	生产总值	0.212
			人均生产总值	0.135
			年末常住人口	0.220
			全社会就业人员年末数	0.209
			财政总收入	0.224
	经济发展程度	0.275	进口总额	0.220
			出口总额	0.194
			住户存款年末余额	0.193
			金融机构年末存款余额	0.194
			金融机构年末贷款余额	0.199
	地区发展程度	0.258	国际互联网用户数	0.214
			高等学校人数	0.212
			R&D 经费支出	0.218
			境内公路里程	0.187
			高速公路里程	0.170
	消费水平程度	0.200	跨境网络零售出口	0.260
			网络零售	0.169
			社会消费品零售总额	0.273
			国际旅游收入	0.299

（资料来源：作者整理。）

表 6-8　城市质量

所属市	总体发展程度	经济发展程度	地区发展程度	消费水平程度	质量
杭州市	1.000	0.819	1.000	0.894	0.929
宁波市	0.815	0.741	0.659	0.484	0.688
温州市	0.595	0.302	0.467	0.402	0.443
嘉兴市	0.441	0.279	0.379	0.304	0.353
湖州市	0.287	0.120	0.307	0.261	0.241

所属市	总体发展程度	经济发展程度	地区发展程度	消费水平程度	质量
绍兴市	0.458	0.247	0.434	0.154	0.333
义乌市	0.180	0.148	0.088	0.352	0.182
衢州市	0.191	0.064	0.263	0.052	0.147
台州市	0.461	0.240	0.425	0.203	0.339
丽水市	0.189	0.062	0.344	0.054	0.168

（资料来源：作者整理。）

表 6-9　消费水平程度

所属市	跨境网络零售出口	网络零售	社会消费品零售总额	国际旅游收入
杭州市	1.000	0.372	1.000	1.000
宁波市	0.335	0.174	0.727	0.567
温州市	0.371	0.169	0.584	0.393
嘉兴市	0.343	0.031	0.339	0.391
湖州市	0.107	0.008	0.227	0.569
绍兴市	0.101	0.029	0.351	0.092
义乌市	0.288	0.532	0.117	0.521
衢州市	0.052	0.012	0.126	0.008
台州市	0.225	0.034	0.414	0.086
丽水市	0.066	0.017	0.119	0.005
均值	0.289	0.138	0.400	0.363
均方差	0.278	0.181	0.293	0.320

表 6-10　城市物流距离

所属市	杭州市	宁波市	温州市	嘉兴市	湖州市	绍兴市	义乌市	衢州市	台州市	丽水市
杭州市										
宁波市	5.056									
温州市	5.717	5.582								
嘉兴市	4.468	5.081	5.914							
湖州市	4.545	5.513	5.967	4.515						

所属市	杭州市	宁波市	温州市	嘉兴市	湖州市	绍兴市	义乌市	衢州市	台州市	丽水市
绍兴市	4.048	4.805	5.625	4.666	4.955					
义乌市	4.885	5.252	5.294	5.268	5.386	4.797				
衢州市	5.413	5.778	5.692	5.760	5.709	5.499	4.936			
台州市	5.600	5.175	4.877	5.652	5.872	5.460	5.368	5.739		
丽水市	5.564	5.674	4.872	5.789	5.849	5.453	5.064	5.232	5.368	

（资料来源：作者整理。）

根据各城市质量计算出相互引力值，见表 6-11。考虑到部分指标数值在计算过程中过小影响后续的计算和数值体现，因此通过取对数，见公式 6-10。并将数值加权平移，使得结果一定区间内线性变换。计算结果见表 6-12。根据各地区综合能力计算出省内各地综合试验区吸引力、被引力与比值，见表 6-13、表 6-14。

$$\text{Ln}\left(F_{ij}\right) = \text{Ln}\left(G_{ij}\frac{M_i M_j}{D_{ij}^b}\right) \tag{6-10}$$

表 6-11　城市质量

所属市	总体发展程度	经济发展程度	地区发展程度	消费水平程度	质量
杭州市	1.000	0.819	1.000	0.894	0.929
宁波市	0.815	0.741	0.659	0.484	0.688
温州市	0.595	0.302	0.467	0.402	0.443
嘉兴市	0.441	0.279	0.379	0.304	0.353
湖州市	0.287	0.120	0.307	0.261	0.241
绍兴市	0.458	0.247	0.434	0.154	0.333
义乌市	0.180	0.148	0.088	0.352	0.182
衢州市	0.191	0.064	0.263	0.052	0.147
台州市	0.461	0.240	0.425	0.203	0.339
丽水市	0.189	0.062	0.344	0.054	0.168

（资料来源：作者整理。）

表 6-12　引力常量 G

所属市	杭州市	宁波市	温州市	嘉兴市	湖州市	绍兴市	义乌市	衢州市	台州市	丽水市
杭州市	0.500	0.426	0.323	0.275	0.206	0.264	0.164	0.136	0.268	0.153
宁波市	0.574	0.500	0.391	0.339	0.259	0.326	0.209	0.176	0.330	0.196
温州市	0.677	0.609	0.500	0.444	0.353	0.429	0.291	0.249	0.434	0.275
嘉兴市	0.725	0.661	0.556	0.500	0.406	0.485	0.340	0.294	0.490	0.322
湖州市	0.794	0.741	0.647	0.594	0.500	0.580	0.430	0.379	0.585	0.410
绍兴市	0.736	0.674	0.571	0.515	0.420	0.500	0.353	0.306	0.505	0.335
义乌市	0.836	0.791	0.709	0.660	0.570	0.647	0.500	0.447	0.651	0.480
衢州市	0.864	0.824	0.751	0.706	0.621	0.694	0.553	0.500	0.698	0.533
台州市	0.732	0.670	0.566	0.510	0.415	0.495	0.349	0.302	0.500	0.331
丽水市	0.847	0.804	0.725	0.678	0.590	0.665	0.520	0.467	0.669	0.500

（资料来源：作者整理。）

表 6-13　浙江省内综合试验区综合能力

所属市	杭州市	宁波市	温州市	嘉兴市	湖州市	绍兴市	义乌市	衢州市	台州市	丽水市	被引总值
杭州市	0.000	7.078	6.237	6.099	5.304	5.752	4.914	4.396	5.784	4.764	50.328
宁波市	7.378	0.000	6.154	5.878	5.148	5.837	4.697	4.216	5.794	4.473	49.576
温州市	6.979	6.596	0.000	5.554	4.934	5.514	4.579	4.138	5.685	4.523	48.501
嘉兴市	7.066	6.546	5.781	0.000	5.127	5.597	4.513	4.065	5.433	4.283	48.411
湖州市	6.759	6.196	5.542	5.509	0.000	5.334	4.344	3.946	5.190	4.133	46.953
绍兴市	7.123	6.563	5.798	5.655	5.010	0.000	4.586	4.094	5.439	4.324	48.592
义乌市	6.457	6.028	5.470	5.177	4.627	5.193	0.000	3.975	5.105	4.152	46.182
衢州市	6.173	5.761	5.242	4.942	4.442	4.913	4.188	0.000	4.894	4.011	44.565
台州市	6.812	6.501	5.951	5.473	4.848	5.421	4.480	4.057	0.000	4.345	47.888
丽水市	6.258	5.886	5.494	5.028	4.497	5.011	4.233	3.879	5.051	0.000	45.339
吸引总值	61.004	57.155	51.669	49.315	43.936	48.571	40.535	36.766	48.375	39.009	

（资料来源：作者整理。）

表 6-14　浙江省内综合试验区综合能力吸引力、被引力与差值

所属市	杭州市	宁波市	温州市	嘉兴市	湖州市	绍兴市	义乌市	衢州市	台州市	丽水市
吸引总值	61.004	57.155	51.669	49.315	43.936	48.571	40.535	36.766	48.375	39.009

所属市	杭州市	宁波市	温州市	嘉兴市	湖州市	绍兴市	义乌市	衢州市	台州市	丽水市
被引总值	50.328	49.576	48.501	48.411	46.953	48.592	46.182	44.565	47.888	45.339
比值	1.212	1.153	1.065	1.019	0.936	1.000	0.878	0.825	1.010	0.860

（资料来源：作者整理。）

6.2.3　数值分析

通过对各地跨境电商综合试验区引力值、被引值的计算，结合各地社会发展程度、经济格局的比较，能够大致反映现阶段浙江省内各地跨境电商创新空间的联系、分布特征轮廓。

从表 6-14 的结果来看，在地区吸引力上，杭州（61.004）和宁波（57.155）得分排在前两名。由此可见，相互之间的吸引力强度关系次序大致与各城市综合实力大小显著相关。杭州总吸引值（61.004）大于宁波总吸引值（57.155），所以一般认为其余地区更容易被杭州跨境电商综合试验区所吸引。从表 6-13 中绍兴、台州与杭州、宁波之间的关系（绍兴→杭州 5.752，绍兴→宁波 5.837；台州→杭州 5.784，台州→宁波 5.794）可知，尽管绍兴跨境电商综合试验区地理位置处于杭州和宁波之间，但在保持与杭州密切联系的同时，又与宁波联系更密切。第三批义乌对湖州、衢州、丽水有正向吸引力，但对其他地区的吸引力较弱。由于义乌→台州 4.480，台州→义乌 5.105，这表明义乌被台州反向吸引。另外，湖州被绍兴、台州反向吸引（湖州→绍兴 5.010，绍兴→湖州 5.334；湖州→台州 4.848，台州→湖州 5.190）。衢州被台州、丽水反向吸引（衢州→台州 4.057，台州→衢州 4.894；衢州→丽水 3.879，丽水→衢州 4.011）。说明湖州、衢州跨境电商基础薄弱，需要依托周边地区逐步培养数字贸易实力。

6.3　政策启示

鉴于数字贸易发展迅速，本章提出如下政策建议。

数字贸易跨境电子商务是一个很大的范畴，在整个流程中包含了平台公司、销售公司、技术公司、生产公司、运营公司、服务公司等众多企业以及其他机构和监管部门。 各地区应当谋篇布局培育当地跨境电商生态，扶持聚集当地优势产业，合理招商引资，承接发达地区的人才流、资金流和技术流的转移。 在跨境电商产业链和价值链上，各地区应当在设计、研发、生产、制造、推广、流通、售后完整的流程中，聚焦少数几个环节做精做细，壮大跨境电商这一经济新增长点。

在未来数字贸易时代，充斥着小卖家、小客户，货物订单都是碎片化管理，从生产起点到配送终点，需要依托大数据、云平台等新兴科技统筹协调现实物流运输资源。 在国际陆港的中欧班列线路、海港的世界各航线、空港的覆盖国内外客货航线网络的基础上，构建数字信息港体系建设打通物理距离，形成连通全球的数字贸易网络区域互动的局面。

6.4　小结

跨境电商成为突破传统贸易壁垒的一个有效方式，也是"一带一路"倡议的一个重要组成部分和创新点。 本文通过建立各个跨境电商综合试验区综合实力评价体系，计算出各地区之间的引力值和被引值，分析了浙江省 10 个跨境电商综合试验区地理空间联系特征和结构，探讨了各城市的空间发展定位，并在此基础上划分城市组团格局，提出优化发展建议。根据计算结果可知，浙江省各地跨境电商综合试验区之间引力值不平衡，而这种不平衡特征充分说明有必要对各地区在跨境电商产业的布局定位和发展动力方面做出一定规划，避免省内各地区重复投入。 这也反映了省级宏观统筹在各地互补性发展中的需求倾向。

7

创新质量、数字经济与贸易发展研究

　　近年来，传统的国际贸易规则在面对当今风云变幻的国际政治经济形势时承担着前所未有的压力和挑战。各个国家都因新冠肺炎疫情带来的中短期停滞状态，而使得各行各业遭遇到显著的负面影响。随着互联网技术在全球的展开应用，世界各国经济相互影响，商务贸易互联互通是一种必然的趋势。从国内层面来看，以跨境电商为代表的全球化数字经济对优化中国国内供给侧结构性改革起到了重要作用，同时也改善了中国国内传统产业结构的比重。从国际层面来看，全球化的数字贸易对各国跨境电商经济、城市间发展不均衡有着显著改善效应。

　　数字经济、数字贸易作为一种新型贸易手段，使得传统贸易方式拥有了更多的选择。而数字经济环境下的产品可以面对更广阔的市场，同业竞争环境更加激烈。因此，创新对数字经济的影响主要体现在提供了新的用户受众，设置了新的产品思路，开拓了新的销售渠道。目前中国尽管在经济体量上已经是世界第二大国，但在高端装备制造、生物医药、人工智能工程装备、新材料新能源、工业物联网产业等一系列科技研发创新相关的多个内容还存在薄弱环节，与世界一流强国尚有较大的差距。尤其是当前全球疫情常态背景下中国经济下行压力大，迫切需要寻找新模式、新动能，助力新兴行业产出成果，提高创新数量与质量，进而推动产业升级形成新的经济增长点，以增强中国的国际竞争力。 研究创新质量、数字经济与贸易发展之间的影响关系，分析其互动机制与作用规律，发现其尚未探索的概念问题，不仅可以从理论上深化拓展内生增长理论，还可以给政府主管部门的下一步应对策略提供重要理论依据和实践参考。

7.1 现状分析

在国内国际"双循环"的新战略背景下，张新等（2020）认为，中国创新发展已进入由创新数量增长向创新质量发展时期。 尤其在"十四五"期间，这是中国创新发展的黄金期，必须推动创新高质量发展，全面提升创新数量、质量复合体系对国家整体经济动力、社会发展的效能，为中国建成世界综合实力强国提供坚实的创新基础。 金培振等（2019）结合涉及知识产权与环境保护的制度文本，探讨制度供给与创新质量的关系，发现高质量专利在数量与结构方面呈现趋势与可持续和协同式创新密切相关，创新要素培育与配置是制度供给影响地区创新质量的重要机制。 丁志帆（2020）探讨了数字经济驱动经济高质量发展的内在机理，认为数字经济可以通过产业创新效应改善要素配置效率，深化丰富资本要素来源，并且通过技术创新和扩散促进经济增长。 因此，在数字经济与实体经济深度融合下，创新已经成为新常态下中国经济提高全要素生产率、产业结构调整和动能转换的重要内涵与核心特征。

内生经济增长理论均揭示了国家经济持续发展和研发创新之间的互动关系。 互联网时代下的技术创新催生了数字贸易概念的蓬勃发展，并拓展了新贸易理论范畴。 Koopman 等（2020）讨论了世贸组织作为多边论坛的重要性，为服务业和数字贸易等未来有望增长的贸易领域提供了有用的见解。 Cucculelli 等（2012）以意大利企业为样本，考察了新产品的发布与企业的增长机会之间的关系，为创新与企业绩效关系的最新实证文献做出了贡献。 贾怀勤（2019）厘清了数字贸易的定义，对中国参与数字贸易国际规则制订博弈提出了 4 条建议。 陈珉（2020）指出，数字贸易的发展能够对产业服务化产生重要的推动作用，数字贸易发展能够显著提升产业的总体服务化水平，并通过这一途径带来"价值链升级效应"。 Agovino 等（2017）采用了基于模糊理论的统计方法，研究了 682 家国际公司在 3 个经济领域的数据，即美国、日本和欧洲。 他们考虑到研发的数量和质量，基于模糊理论的统计分析建立了一个技术指标来衡量企业的效率水平。 Steinmetz（2015）分析了 R&D 中研发努力对企业创新激励的影响。 企业领导者的研发努力随着与其他企业的差距增加而增加；相反，领导者的创新努力会随着领先而下降，这就形成了一种均衡。 在竞争最激烈的时候，创新的动力是最高的。 Tomoda 等（2018）提出了一个产品周期内生增量和突破性创新对投资增长影响的模型。 通过研究创新激励与产品周期平均长度之间的关系，得出了 3 种稳定的产品演化模式：单独渐进式创新、突破性创新和同时具有 2 种创新类型的产品周期。 结果表明，当市场表现出稳定的产品周期时，任何一种创新都会提高经济增长率。

随着数字经济的迅速崛起，荆林波等（2019）发现全球价值链转型正在进行，全球价值链重构内生化趋势明显。 中国应当以新旧驱动力融合为着眼点，培育数字经济的中国优势；加速全球数字贸易网络构建；提升全球价值链附加值获取能力。 李怀政（2018）根据发达国家流通产业发展经验、数字零售业相关时间序列数据，认为传统商品流通体制应向数字贸易方向逐步深化过渡，同时必须进一步加强网络基础设施建设，提高数字零售业服务水平。 他建议进一步提高互联网渗透率和数字零售技术研发水平，优化数字经济跨境电商规则体系制度安排，为我国数字零售商嵌入全球价值链和全球供应网络，增强数字零售服务国际竞争力提供保障。

数字经济技术革命正在对整个社会经济体系产生渗透和调整，进而引发国际经济贸易格局的重构。 马名杰等（2019）发现数字贸易网络市场规模大、创新环境友好的国家将占据竞争优势。 优势资源和发展机遇加速向知识、人才、资本、技术创新数量和创新质量密集程度高的国家和地区流动，数字产业和数字基础设施发达的国家将在未来数字贸易中占据重要份额。在全球向智能化制造业转型的背景下，马述忠等（2018）提炼了数字贸易的内外部属性，指出数字产品与服务、数字化知识与信息的高效交换奠定了数字贸易的基础，以创新数量与质量为载体的新型贸易活动推动了消费互联网向产业互联网转型。王拓（2019）深入探索云计算和大数据等数字技术的快速应用对数字贸易产生诸多影响，其中包含数字贸易相关的基础设施、技术创新、知识产权、网络监管等问题。在相关领域加强模式引领和政策设计，有助于提高我国数字经济下贸易的综合竞争力。岳云嵩等（2020）通过对国际市场占有率、贸易竞争力指数进行比较后，发现全球数字服务贸易增长迅猛，故建议国家应该把握数字服务贸易发展机遇，推动数字服务产业创新发展。在创新数量与创新质量内容产出方面，鼓励和支持企业参与全球数字服务分工，完善数字经济创新治理体系，推动新型贸易规则体系的建设。张夏恒等（2020）通过厘清数字贸易的理论边界与现实约束，依托于大数据、云计算、人工智能等现代互联网科技，助力数字化生产力推动传统制造业升级、对外贸易转型，达到全球共同繁荣的目标。

通过比较当代世界经济体系中实行开放经济的国家，可以发现创新能力成为国家竞争力的核心，而且创新对经贸发展也具有相当作用。黄先海等（2015）从工艺创新和产品创新视角出发，研究了企业的创新行为与企业出口倾向之间的关系。他们发现产品创新的促进作用要大于工艺创新的促进作用；这两种创新对出口的促进作用存在一定程度的替代效应，但这一替代效应并不显著，并且，对不同性质的企业，二者的影响作用不同。Helpman等（2011）制定了一个研究横向和纵向差异化产品贸易的框架。在模型中，具有不同收入和品位的消费者购买同质产品，并对差异化产品的质量和多样性进行离散选择，这有助于解释富裕国家出口高质量商品的原因，也为研究一个经济体中不同收入群体的贸易政策提供了一个可操作的工具。Blyde等（2018）研究发现，创新越多，企业出口越多。从事创新的企业往往比其他企业出口更多，因为他们能够奖励创新的市场销售商品。Roberts等（2011）估计了一个生产商投资研发和出口的动态结构模型，发现这两项活动对生产力有积极的影响，有助于进一步提高生产率。出口市场扩张的模拟结果表明，出口和研发投资都会增加，工厂内生产率也会逐步提高。俞立平等（2019）从创新数量、创新质量角度分析创新对外贸出口的作用机制与效应具有重要意义，认为创新数量对外贸出口作用呈现 U 形曲线，并且具有外贸出口门槛效应，即随着外贸出口门槛水平的增高，创新数量贡献的弹性增大。

从当前的研究看，尽管关于创新质量、数字经济的关系及互动机制的研究比较深入。但总体上，在互联网经济发展的大背景下，以下几个方面仍然有必要进行深入研究。

第一，在疫情常态下以及现有全球国际贸易框架下，中国所面临的经济环境复杂多变。从长远的目光角度分析创新质量、数字经济与贸易发展互动机制的研究较少，在理论上需要进行进一步深入。

第二，现有的创新数量、创新质量的研究更关注微观企业在传统经营活动中的情况，数字经济框架下的创新数量、创新质量研究要求其在宏观经济贸易环境和视角下进行。

第三，创新质量、数字经济对贸易发展的作用如何？有何作用规律？其中存在哪些问题？这些都这些都需要进一步进行揭示。

投资、贸易、消费所涉及的产业是中国国民经济与社会发展的主导产业，也是驱动创新发展的典型。基于对国家统计局 2015—2019 年统计年鉴的梳理，本章在分析创新质量、数字经济与贸易发展相互作用机制的前提下，提出基本假设，采用面板数据模型研究创新质量、数字经济对贸易发展作用强度与作用规律，采用 BVAR（贝叶斯向量自回归模型）研究创新质量、数字经济对贸易发展的互动关系，最后对全章进行总结。

7.2 创新质量、数字经济与贸易发展的互动机制

7.2.1 创新质量、数字经济对贸易发展的作用机制

(1)数字经济对贸易发展的影响

在前数字经济时代，中国作为世界代加工工厂，只能在供应链初级水平进行传统国际贸易，通过廉价的土地等自然资源、对外资友好的招商政策和人口红利来赚取少量利润。而数字经济的开展可以有效地增强各行各业的综合创新能力，变革产品流通环节，扩大国内消费与国际贸易份额。

数字经济新业态模式体现在通过先进的技术改革、改善原有的业务流程，使得原来的业务流程、业务模式在创造性思想下形成一套新的产品、服务或解决方案。例如，近年在中国普及的线上教育、共享单车、线上生活等一批拥有自主知识产权的行业，在全世界范围内得到广泛的传播和认可。技术创新和制度创新是市场新产品、新服务的来源。企业创新数量的增加会带动全行业技术、标准水平的提高。通过技术和制度的创新体现，深层次推动数字贸易的增长。随着各行各业数字经济参与数量的逐渐增长，以跨境电商为代表的新型贸易市场逐渐建立起来。只有当数字经济规模达到一定的水平时，相关产品在电子商务的交易过程中才能形成独特的数字贸易市场优势。

数字经济对传统贸易国际循环具有非线性关系：当数字经济规模较低时，此时传统贸易的市场国际循环还是主导，一旦数字经济产品有所创新，会引导传统贸易国际循环渠道向跨境电商等新业态发展，因此数字经济与传统贸易呈负相关关系。当数字经济规模较高时，此时数字贸易市场已经获得广泛认同，产品的国际影响力也获得增强，进一步升级传统贸易国际循环至数字贸易阶段的边际贡献也比较大。只有当数字经济规模中等时，数字贸易市场竞争激烈，总体影响力水平不高，此时数字经济对

传统贸易的边际贡献较小。根据以上分析，提出假设一。

H_1：数字经济对传统经济贸易国际循环贡献呈现 U 形曲线。

（2）创新质量对贸易发展的影响

对创新质量的讨论通常出现在高端制造、生物医药、互联网等行业。这些行业也是数字经济行业依托的主要领域，对从业人员的素质与能力，技术的改进与升级要求都比较高，具有压倒性竞争优势。

中国的制造企业目前普遍处在全球供应链的末端。中国企业并未完全吸收掌握国际先进技术，并未拥有大量的国际知名品牌。中国企业不仅要面对各类实力强大的跨国公司的挑战，还要承受突如其来的关税壁垒。例如，中国在全球贸易过程中面临着各类政治风险，从而引发众多的国际贸易摩擦。

企业通过利用核心专利技术、先进的管理经验，有助于提高创新质量，摆脱中国变为"世界初级产品代加工工厂"的尴尬境地。数字经济等新业态可以有效提升中国在全球价值链中的地位，促进打通国内国际"双循环"渠道。

创新质量具有良性反馈效应，能引导鼓励更多企业加大研发投入，进一步提高自身在贸易市场中的优势。在这种背景下，相关产业会进一步形成提高创新质量的氛围，这种良性循环能够促进创新质量高的产业和企业巩固自己的竞争力，在全球贸易市场中获得超额收益。

创新质量对传统贸易发展的作用规律：创新质量的提升对传统贸易发展具有持续贡献，因此创新质量对传统贸易发展的贡献总体上呈线性关系。根据以上分析，提出假设二。

H_2：创新质量对传统贸易发展具有正向贡献。

7.2.2 贸易发展与数字经济、创新质量之间的相互作用

在世界贸易逐步趋向逆全球化竞争的过程中，中国企业面临着人口红利消失、国际政治风险加大、国内环保约束增加等一系列问题。要想克服当前经营环境的不足，唯有提升创新数量和创新质量，正确定位理解国内国际"双循环"，才能清晰地展现出中国数字经济的长处和特色，获得市场的竞争优势和国际社会的认同。

在区块链、量子计算、大数据、云计算等一系列新兴技术的创新运用下，大量数字经济平台涌现出来，经济贸易繁荣发展。技术创新、机制创新对创新质量、数字经济具有正向反馈效应。数字经济的繁荣必然会提高企业的收益。在创新质量作用下，如果企业提供的产品能够具备竞争力，那么，就会促使企业更加注重在创新数量或质量方面进行投资，从而提高贸易发展水平。

近年来，由于国际环境的变化，各国之间贸易摩擦频繁，加征关税和贸易壁垒时常出现，从事传统贸易的中国企业形势严峻。面对这样无奈而激烈的国际贸易市场，中国企业在技术、管理、制度层面自主能力较弱，创新水平较低。在这样的背景下，各类企业、产业主体需要通过各种途径获得创新支持。在宏观层面，国家提出了创新驱动发展战略；在微观层面，各类企业充分运用数字经济的红利，这些举措必然有利于提高经济贸易国际国内的"双循环"发展。

综上所述，创新质量、数字经济与贸易发展的互动机制如图 7-1 所示。

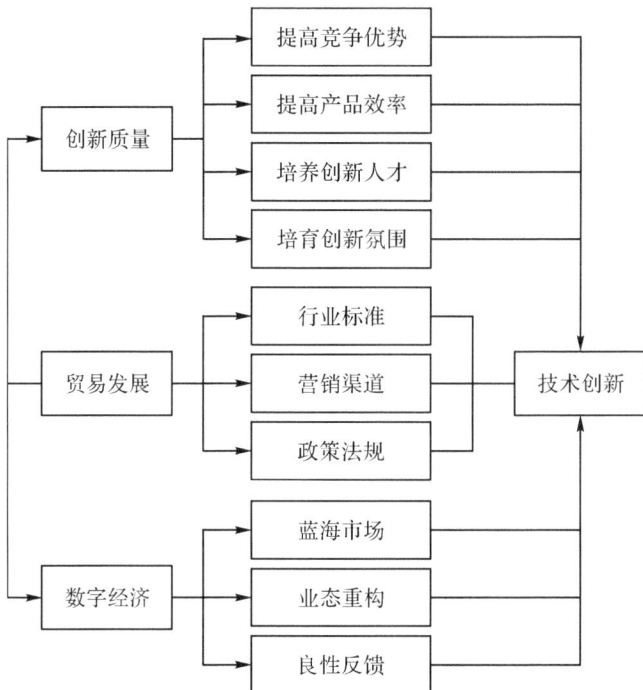

图 7-1　创新质量、数字经济与贸易发展的互动机制

7.3 研究模型与数据

7.3.1 面板数据模型

首先建立创新质量、数字经济与贸易发展影响因素模型：

$$\log(tra) = c + a_1\log(tans) + a_2\log(rdt) + a_3\log(pur) + a_4\log(nps) +$$
$$a_5\log(ent) + a_6\log(rdp) \tag{7-1}$$

式中，tra 表示贸易发展，pur 表示数字经济，ent 表示数字经济发展潜力，$tans$ 表示市场环境，rdt 表示企业研发投入，nps 表示创新质量，rdp 表示创新氛围。进一步引入数字经济的二次项，得：

$$\log(tra) = c + a_1\log(tans) + a_2\log(rdt) + a_3\log(pur) + a_4\log(nps) +$$
$$a_5\log(ent) + a_6\log(rdp) + a_7\log^2(pur) \tag{7-2}$$

以上方程采用面板数据模型进行估计，该模型由 Mundlak（1961）首创，经过几十年的发展，已经较为成熟。面板数据模型提供了较多数据量，一般不会出现自由度不足问题，其固定效应模型对遗失重要变量不敏感，这对于本文的研究尤为重要。此外，面板数据模型还能够有效降低多重共线性的影响。

考虑到公式（7-1）和公式（7-2）中变量的内生性问题，为了取得较好的估计效果，采用系统广义矩法（Blundell et al, 1998）进行估计，引入各变量的一阶滞后项作为工具变量。

7.3.2 研究数据

在贸易发展的影响因素方程中，各类变量指标采用年鉴统计数据。贸易发展 tra 用国际贸易进出口额表示，数字经济 pur 用电子商务采购额表示，数字经济发展潜力 ent 用电子商务交易活动企业数表示，市场环境 $tans$ 用电子商务交易额表示，企业研发投入 rdt 用研发投入时间表示，创

新质量 nps 用新产品销售收入表示，创新氛围 rdp 用市场项目数表示。

本章数据均来自国家统计局《中国统计年鉴》。由于数字经济这一概念近几年才兴起，所以本文数据采用的时间范围为 2015—2019 年。变量的描述统计如表 7-1 所示。

表 7-1　变量的描述统计

统计量	贸易发展 tra （亿元）	研发投入 rdt （人年）	创新氛围 rdp （项）	市场环境 tans （亿元）	数字经济发展潜力 ent （个）	数字经济 pur （亿元）	创新质量 nps （万元）
均值	5864.782	88386.040	12456.300	3618.1140	2876.594	2097.405	55291746
极大值	79969.000	621950.000	77940.000	27829.900	12240.000	17104.600	394000000
极小值	5.910	43.000	21.000	31.400	49.000	2.800	33072.620
标准差	12734.170	120205.000	17539.120	4879.1150	3073.606	3088.207	75770946
样本量	31×5＝155						

7.4　实证分析

7.4.1　变量的平稳性检验

在估计面板数据时，为了防止出现伪回归问题，必须进行数据的平稳性检验，本章同时采用 Levin lin&Chu、Fisher ADF、Hadri 3 种方法进行检验，以提高研究的稳健性，结果如表 7-2 所示，经过一阶差分，所有变量均为平稳面板数据。

表 7-2　变量的平稳性检验

变量名称	Levin lin&Chu 检验	Fisher ADF 检验	Hadri 检验	结　果
$\log(ent)$	−19.491***	137.399***	7.547***	平稳
$\log(nps)$	−1.362*	30.698	11.912***	部分平稳
$\log(pur)$	−13.281***	78.686*	9.433***	平稳

变量名称	Levin lin&Chu 检验	Fisher ADF 检验	Hadri 检验	结　果
$\log(rdp)$	-11.096^{***}	75.711	9.473^{***}	部分平稳
$\log(rdt)$	-3.109^{***}	48.6788	9.765^{***}	部分平稳
$\log(tans)$	-9.840^{***}	61.372	9.671^{***}	部分平稳
$\log(tra)$	-4.432^{***}	23.472	10.713^{***}	部分平稳
$\triangle\log(ent)$	-10.688^{***}	185.973^{***}	6.449^{***}	平稳
$\triangle\log(nps)$	-11.993^{***}	92.939^{***}	7.106^{***}	平稳
$\triangle\log(pur)$	-21.397^{***}	132.487^{***}	7.398^{***}	平稳
$\triangle\log(rdp)$	-4.063^{***}	134.657^{***}	4.063^{***}	平稳
$\triangle\log(rdt)$	-16.385^{***}	101.161^{***}	8.725^{***}	平稳
$\triangle\log(tans)$	-27.139^{***}	112.796^{***}	3.714^{***}	平稳
$\triangle\log(tra)$	-17.371^{***}	87.440^{**}	11.851^{***}	平稳

注：* 表示在 10% 的水平下检验通过；** 表示在 5% 的水平下检验通过；*** 表示在 1% 的水平下检验通过。

7.4.2　创新质量、数字经济对贸易发展的作用估计

面板数据的估计结果如表 7-3 所示，首先基于公式（7-1）估计创新质量与数字经济的平均弹性系数，Hauseman 检验值为 85.560，相伴概率 0.000，拒绝随机效应的原假设，采用固定效应模型进行估计，估计结果的拟合优度为 0.888 可接受。

表 7-3　面板数据估计结果 $log(tra)$ 被解释

变　量	说　明	固定效应 1 公式 1	固定效应 2 公式 2
C	常数项	-3.592^{***} （-3.745）	-1.376 （-1.238）
LOGTANS	市场环境	0.289^{**} （2.135）	0.178 （1.337）
LOGRDT	研发投入	-0.556^{***} （-2.700）	-0.443^{**} （-2.209）

变　量	说　明	固定效应 1 公式 1	固定效应 2 公式 2
LOGPUR	数字经济	0.163 (1.395)	−0.553** (−2.404)
LOGNPS	创新质量	0.431*** (3.303)	0.424*** (3.382)
LOGENT	数字经济发展潜力	−0.027 (−0.175)	−0.129 (−0.846)
LOGRDP	创新氛围	0.738*** (3.132)	0.776*** (0.216)
$Log^2(PUR)$	数字经济的二次项		0.058*** (3.574)
Hauseman	Hauseman 检验值	85.560	88.901
P 值	相伴概率	0.000	0.000
R^2	拟合优度	0.888	0.897

注：＊表示在 10％的水平下检验通过；＊＊表示在 5％的水平下检验通过；＊＊＊表示在 1％的水平下检验通过。

数字经济发展潜力没有通过统计检验，说明数字经济、数字经济发展潜力对贸易发展在一定程度上没有贡献。市场环境系数为 0.289，通过统计检验，说明市场环境对贸易发展是正相关作用。研发投入系数为 −0.556，通过统计检验，说明研发投入对贸易发展是负相关作用。创新质量系数为 0.431，通过统计检验，说明创新质量对贸易发展是正相关作用。创新氛围系数为 0.738，通过统计检验，说明创新氛围对贸易发展是正相关作用。

本章结合其他因素推断，数字经济、数字经济发展潜力需要和其他因素一起作用。即在数字经济发展的初级阶段，前期投入是无显著效果的；只有当数字经济发展到一定阶段，数字经济所带来高质量的效率聚集对贸易发展才能够有推动作用。

基于公式（7-2）估计数字经济的作用规律，Hauseman 检验值为 88.901，相伴概率 0.000，拒绝随机效应的原假设，继续采用固定效应模型进行估计，模型的拟合优度为 0.897，可接受。研发投入、数字经济、创新质量、创新氛围、数字经济的二次项通过了统计检验。

数字经济二次项的回归系数为 0.058，说明数字经济对贸易发展的贡献呈现 U 形曲线，这样就验证了假设一。市场环境、数字经济发展潜力没有通过统计检验。创新质量系数为 0.424，通过统计检验，说明创新质量对贸易发展是正相关作用。创新氛围系数为 0.776 通过统计检验，说明创新氛围对贸易发展是正相关作用。研发投入系数为 -0.443，通过统计检验，说明研发投入对贸易发展是负相关作用。数字经济系数为 -0.553，通过统计检验，说明数字经济对贸易发展是负相关作用。

本研究结合其他因素推断，市场环境、数字经济发展潜力需要和其他因素一起作用，即低效率的投入是无意义的，必须提高市场环境、数字经济发展潜力内涵和效率，才能够对贸易发展有显著推动作用。

无论是公式（7-1）还是公式（7-2），数字经济发展潜力均没有通过统计检验。也就是说，假设二没有得到验证。但数字经济的二次项通过了统计检验，综合说明中国国内国外"双循环"发展过程中数字经济需要达到一定阈值，才会产生质变效果。

7.4.3 创新质量、数字经济与经济贸易的互动关系

为了分析创新质量、数字经济与贸易发展的互动关系，进一步采用面板贝叶斯向量自回归模型进行估计，考虑到各地区市场环境、研发投入在其中会发挥重要作用，因此一并引入，共采用 5 个变量建立贝叶斯向量自回归模型。因为面板数据的时间跨度较小，所以滞后项选择 2，便于节省自由度。

图 7-2 显示模型平稳，即 AR 根检验都在单位圆内，可做脉冲响应和方差分解分析。下面通过脉冲响应函数和方差分解来分析创新质量、数字经济与贸易发展的互动关系。

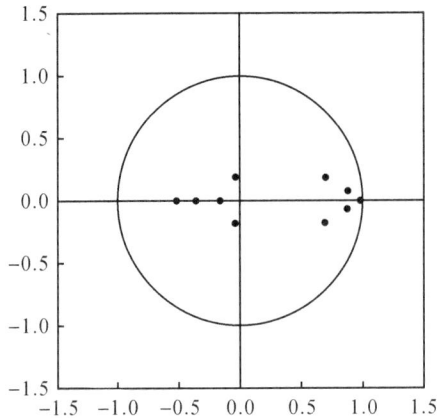

图 7-2 AR 根检验

(1)脉冲响应函数分析

第一，数字经济的脉冲响应函数见图 7-3。 首先是来自市场环境一个标准差的正向冲击对其影响最大，当期为 0，第 2 期就达到极大值，随后在第 3 期缓慢衰减，但从第 4 期起开始稳步上升且总体水平较高。 其次是贸易发展的冲击，当期为 0，从第 2 期开始稳步上升，保持向上稳定状态，说明贸易发展的提升能够有效地促进数字经济。 创新质量的冲击作用效果是前 7 期为负值，从第 8 期转正开始稳步上升，其根本原因是中国目前创新质量较低，需要发展一段时间才能有效地促进数字经济。 研发

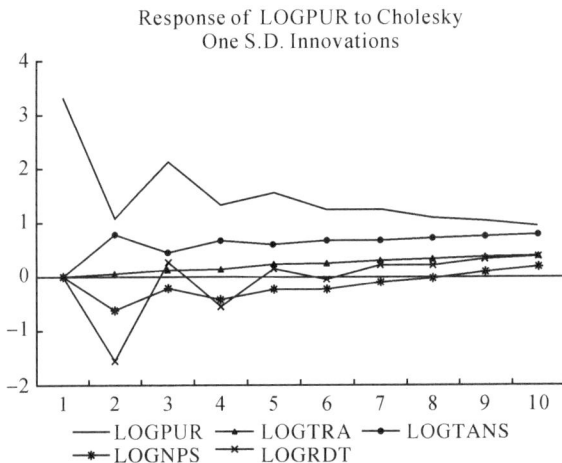

Response of LOGPUR to Cholesky
One S.D. Innovations

图 7-3 数字经济的脉冲响应函数

投入前几期波动较大且多是负值,从第 8 期开始处于平稳提升状态,说明这两者当达到一定规模会诱发数字经济水平的提升,形成良性关系。

第二,贸易发展的脉冲响应函数见图 7-4。 首先是来自市场环境一个标准差的正向冲击当期为 0,第 2 期就达到极大值,随后在第 3 期缓慢衰减,但从第 4 期起开始稳步上升且总体水平较高。 其次是数字经济的冲击,当期为负值,从第 2 期开始稳步上升,保持向上稳定状态,说明数字经济的提升能够有效地促进贸易发展。 创新质量的冲击作用效果是当期为 0,第 2 期是负值,从第 3 期转正开始快速稳步上升。 研发投入前几期有波动且多是负值,从第 5 期开始处于平稳提升状态。 说明创新质量、研发投入两者达到一定规模才会与贸易发展形成良性关系。

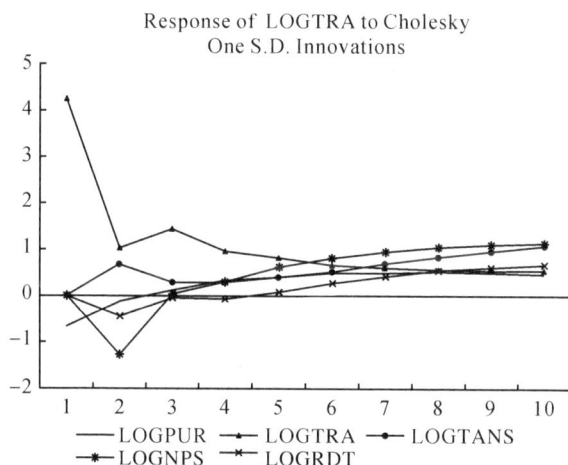

Response of LOGTRA to Cholesky
One S.D. Innovations

图 7-4 贸易发展的脉冲响应函数

第三,市场环境的脉冲响应函数见图 7-5。 首先是来自一个数字经济标准差的正向冲击对其影响最大,第 1 期就达到极大值,随后缓慢衰减,但总体水平较高。 其次是贸易发展的冲击,第 3 期达到极大值,随后比较稳定,保持较高水平状态。 创新质量当期为 0,第 2,3 期小幅提升,在第 4 期波动后一直处于平稳提升状态。 研发投入冲击作用效果是前 7 期为负值且有一定波动,从第 8 期转正开始稳步上升,其根本原因是中国目前研发投入较低,需要发展一段时间才能有效地促进市场环境。

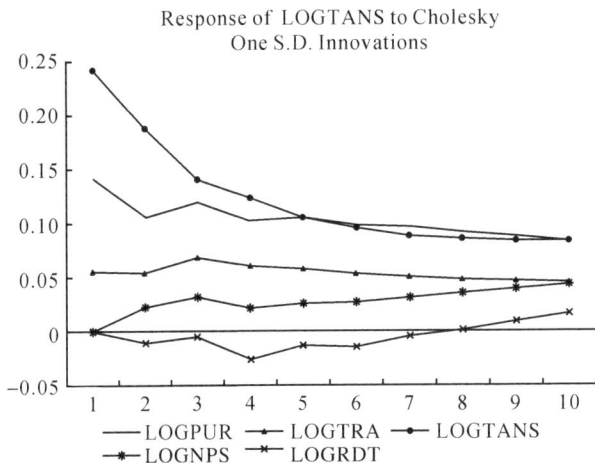

图 7-5　市场环境的脉冲响应函数

第四，创新质量的脉冲响应函数见图 7-6。 首先是来自数字经济一个标准差的正向冲击对其影响最大，第 1 期就达到极大值，随后缓慢衰减。其次是贸易发展的冲击，第 2，3 期小幅波动，随后保持比较稳定的水平上升状态。 市场环境的冲击作用效果一直处于快速提升的状态，从第 7 期开始保持稳定。 说明市场环境提升能够有效地促进创新质量。 这两者形成良性关系，当达到一定规模会保持稳定。 研发投入的冲击作用效果一直处于快速提升的状态，第 6 期后开始缓慢衰减。 说明从短期角度，研发投入的提升能够有效地促进创新质量。 从长期角度，研发投入的提升无法

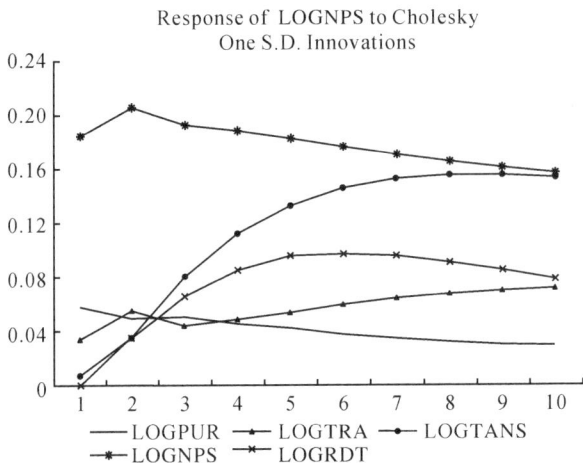

图 7-6　创新质量的脉冲响应函数

有效地促进创新质量。

第五，研发投入的脉冲响应函数见图 7-7。 首先是来自数字经济一个标准差的正向冲击对其影响最大，第 1 期就达到极大值，随后缓慢衰减。其次是来自贸易发展的冲击，第 2 期达到极小值，随后稳定上升，保持水平状态。 市场环境的冲击作用效果一直处于快速提升的状态，创新质量从第 2 期开始处于快速提升的状态，且保持较高水平。 说明对市场环境、创新质量的投入，能显著提升研发投入且保持较高水平。

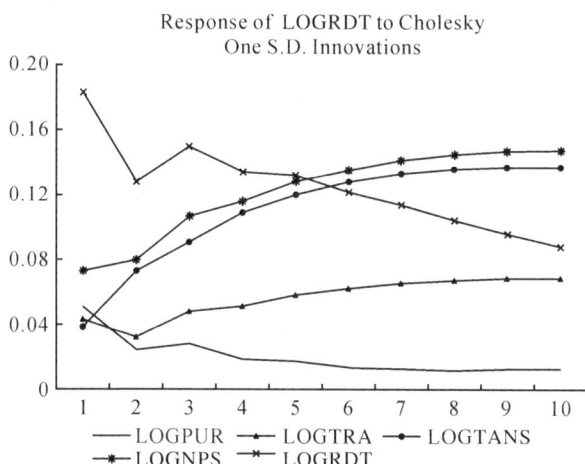

图 7-7　研发投入的脉冲响应函数

（2）方差分解

各变量第 10 期的方差分解如表 7-4 所示，下面逐一进行分析。

表 7-4　各变量第 10 期方差分解　　　　　　　　　　　　（%）

	数字经济	贸易发展	市场环境	研发投入	创新质量
数字经济	74.177	1.828	17.766	4.218	2.008
贸易发展	5.141	66.257	12.057	9.073	7.468
市场环境	29.295	4.415	58.193	4.189	3.905
研发投入	3.411	0.835	21.474	60.923	13.356
创新质量	4.301	0.648	21.520	30.538	42.990

数字经济的方差分解中，其自身所占份额为 74.177%，市场环境的贡献占 17.766%，说明市场环境对数字经济贡献的份额有一定作用。 贸易发展的贡献仅占 1.828%，研发投入的贡献仅占 4.218%，创新质量的贡献仅占 2.008%，说明贸易发展、研发投入、创新质量对数字经济贡献的份额总体不高。

贸易发展的方差分解中，其自身占 66.257%，其他作用较大的是市场环境，其贡献占 12.057%，剩余变量贡献很小，说明贸易发展的提升主要依靠市场环境作为基础。

市场环境的方差分解中，其自身所占份额为 58.193%，数字经济的贡献占 29.295%，剩余变量贡献很小，说明数字经济能够有效地促进市场环境的优化。

研发投入的方差分解中，自身占 60.923%，其他作用较大的是市场环境占 21.474% 和创新质量占 13.356%，说明市场环境、创新质量对研发投入作用效果较好。

创新质量的方差分解中，自身占 42.990%，其他作用较大的是市场环境占 21.520% 和研发投入占 30.538%，说明市场环境、研发投入对创新质量作用效果较好。

7.5 研究启示

(1)数字经济与贸易发展之间呈现良性互动

数字经济对贸易发展的作用机制包括蓝海市场、业态重构、良性反馈，贸易发展对数字经济的作用机制包括行业标准的完善、市场营销反馈效应、政府政策效应。 面板数据的研究结果表明，数字经济对贸易发展的弹性系数为负，数字经济的二次项对贸易发展的弹性系数为正并且通过检验，说明数字经济对贸易发展的贡献呈现 U 形曲线。 脉冲响应函数的研究结果表明，数字经济与贸易发展之间呈现良性互动。 方差分解的结果表明，数字经济对贸易发展的反馈作用要大于贸易发展对数字经济的贡献。 总的来看，中国的政府和企业比较重视数字经济的发展。数字经济总体具有一定的规模，各地相关投入数量也很大，通过本文构建的模型可知这有效地促进了贸易发展。 而贸易发展的国际循环良性反馈效应也进一步促使政府、企业加大投入，形成了数字经济的国内循环收益。

（2）创新质量与贸易发展相互间作用较低

创新质量对贸易发展的预期作用机制包括提高产品效率、培养创新人才、培育创新氛围。 但面板数据的实证研究结果表明，创新质量对贸易发展的贡献不显著。 贸易发展的方差分解中，创新质量贡献份额总体较低。创新质量的方差分解中，贸易发展贡献占比也很小。 说明创新质量与贸易发展相互间作用较低。 出现以上问题的原因是，中国创新质量总体水平较低，原创性成果少，创新质量对贸易发展的贡献小。 中国在现行世界贸易体系中，扮演着世界工厂提供者的角色，贸易产品技术含量、品牌服务有待提高，中国企业在国际贸易供应链中仍然处于初级阶段。 为此，需要不断提高创新质量，以国内国际"双循环"提升创新内涵，才能逐渐从根本上解决这个问题。

（3）良好的市场环境能有效地促进数字经济的提升

数字经济是一个新兴的概念，在各地蓬勃发展。 脉冲响应函数的研究结果表明，市场环境对数字经济发展作用效果较好。 数字经济发展来源于各类新兴的技术、先进的管理在互联网市场的应用。 一般来说，越倾向于培育、采纳、部署新兴的技术、先进的管理制度的地区，即市场环境培育较好的地区，数字经济发展得越好。 因此，应鼓励社会在扩大硬件投入数量的基础上，更加关注市场环境的培育。 利用各类有效措施，例如通过提高数字基础设施水平和突出新经济规则重点，全面提升数字经济，促进国内国际"双循环"。

(4)数字经济与创新质量之间具有一定的良性互动

创新质量推动了新技术的发展。 新技术与新模式的结合推动了数字经济的进步。 但从短期角度来看，创新质量对数字经济的作用不显著。 其根本原因是中国目前创新质量较低，需要发展一段时间才能使得新技术与新模式更加成熟与产业化。 在此基础上创新质量才能有效地促进数字经济发展。 通过脉冲响应函数可知，从长期角度来看，随着数字经济的全面展开，其反馈作用促进了创新质量的提升。 这是因为数字经济的价值能够吸引更多的资金进入这个产业，引起技术、管理不断进步，从而提高创新质量的水平。

(5)良好的市场环境能有效地促进创新质量的提升

通过脉冲响应函数可知，市场环境的提升能够有效地促进创新质量的提升。 创新质量的提升，也能保证市场环境处于平稳提升状态。 这两者形成良性关系，达到一定规模时会保持稳定。

一般来说，市场环境培育较好的地区，对各类新兴的技术、先进的制度包容性更好，创新氛围更好，创新质量发展水平也越好。 因此，通过管理制度、政策法规软环境的培育，充分利用各类有效资源、措施，全面提升创新质量促进国内国际"双循环"具有十分重要的意义。

7.6 小结

中国经济发展进入新常态，在普惠贸易环境下伴随着大量中小微企业涌入数字贸易产业链。 这就迫切需要发展方式向自主创新型的高端价值链转变。 本章采用面板数据模型、贝叶斯向量自回归模型分析了创新质量、数字经济与贸易发展的互动关系。 研究结果表明，良好的市场环境能有效地促进创新质量的提升，数字经济与创新质量之间具有一定的良性互动，良好的市场环境能有效地促进数字经济的提升，创新质量与贸易发展相互间作用较低，数字经济与贸易发展之间呈现良性互动。

8

系统动力学视角下海外仓
对跨境电商交易影响

　　浙江产业以轻工业为主的特点与跨境电商的发展理念高度契合。因此于 2015 年就顺势发展跨境电商行业，杭州作为国内第一批成立的跨境电子商务综合试验区，通过不断的摸索与发展，已经逐渐形成了集制度创新、管理创新、协同创新、服务创新为一体的综合发展模式。海外仓服务凭借着更少的中间环节、更便捷的交易形式及更低廉的交易价格等独有的优势备受关注，通过进一步将产业向跨境仓储业进行延伸，衍生出各类增值服务。这不仅降低了国际货代在新环境下被瓜分市场的可能性，也能趁机整合其他市场、加速发展，因此，海外仓服务日渐成为我国进出口贸易的一大重要方式。艾媒咨询数据显示，我国跨境电商交易规模增长迅速，在 2019 年已经达到了 10.8 万亿元，同比增长 16.7％，在市场规模、增长潜力等方面的发展均为世界前列。2020 年，受新冠肺炎疫情影响，年初我国政府接连推出利好政策，持续完善跨境电商发展的配套设施、优化市场结构、适当调整海关税收政策，使得我国跨境电商交易额在疫情下呈现出逆势而上的趋势，上半年通过海关跨境电商管理平台出口量增长了 26.4％。与此同时，随着"一带一路"项目的推进，截至 2019 年，我国与"一带一路"沿线国家货物贸易额累计已超过 7.8 万亿美元，200 余家企业在海外设立了海外仓，海外仓数量超过 500 个。 新兴海外仓市场潜力巨大，为我国跨境电子商务提供了广阔的市场空间和未来发展机遇。（马凡，2019）

8.1 现状分析

毫无疑问，跨境电子商务的迅速发展，也给跨境物流体系带来了新的机遇和挑战。 国际快递与国际小包是我国传统跨境物流的常用方式。 国际快递速度快，物流动态记录可追踪且相对安全，但缺点是价格不菲；而国际小包拥有更加广阔的物流网且快递运费价格低廉，但也有配送周期长，对运送货品的大小、体积均有严格要求等不足。 基于以上这些传统物流方式的优缺点，一种新型的物流配送方式——海外仓诞生了，这就为包裹物流转向仓储物流的过程给予了重要支撑（张晓燕，2017），为国际货代提供了一种新的发展契机。 海外仓物流不但配送速度快、价格更低廉，而且售后服务过程完善，产品销售质量高，大幅提升了消费者的 O2O 购物体验，提高了顾客的消费黏性，获得了一致好评。 同时，海外仓物流也帮助国际货代趁机整合其他市场，成为跨境电子商务物流发展的一个新突破。

目前来说，跨境电子商务的发展步伐是快于跨境物流的发展的，因此跨境物流也会在一定程度上反向制约跨境电子商务的发展。 张夏恒和郭海玲（2016）认为，不管是跨境电子商务还是跨境物流都同属于跨境电子商务生态体系，但因为两者协同作用缺失，因此无法实现两者的协同发展，这最终会导致跨境电子商务整体发展欠佳的状况。 而跨境物流想要良性发展，就离不开物流方式的转型和升级。 李昕和赵儒煜（2019）研究发现，在跨境电子商务生态体系的运作中，需要商流、资金流、物流三方面的相互配合，才能将整个系统中各个节点企业有效地串联起来。 而物流正是联结各个节点的关键，也是整体系统能够高效运作的重要保障。

跨境电子商务面向的是全球经济市场，交易对象早已突破国界，交易模式也更加复杂多变，物流的风险系数也就更高，在国际市场中占据着相当大的地位。（Yang et al.，2015）Gomez 等（2014）提出，电子商务可以通过降低交易成本、增加供应的多样性和价格竞争来促进消费，但也受限于一些交易贸易壁垒。窦粟灿（2015）在研究跨境物流方式时，也意识到了跨境物流在实际运行中存在的不足，并提出可以通过建立海外仓的方式来缓解跨境物流的一些困境。李向阳（2015）认为，加强物流管理与检测、积极建设海外仓以及必要的政策支持是我国跨境电子商务不断发展进步的关键一环。Ndekwa 等（2015）研究发现，中小型企业更倾向于采用电子商务，但电商使用很大程度上取决于硬件设置的兼容性，政府需要积极鼓励企业发展电子商务。目前我国正积极推进海外仓的建设，在 2015 年中国商务部就发布了《"互联网＋流通"行动计划》，推行物流产业方式的改革升级，鼓励各电商企业"走出去"，打通"最后一公里"，积极参与国际经济贸易活动。

在 2019 年 7 月国务院常务会议上，李克强总理提出，要完善跨境电商等新兴产业的政策部署，适应时代发展趋势，推动跨境交易发展创新。鲁旭（2016）认为，海外仓的建设虽然需要政府的支持，但是海外仓毕竟是市场自发行为的结果，因此其演变过程也应遵循市场发展进程规律，不该受到政府的太多干预。对于海外仓发展模式可以采用海外领跑者制度，督促其他公司按照其标准进行建设。我国鼓励综合试验区在技术标准、业务流程、监管模式和信息化建设等方面开展先行先试。2020 年 4 月 7日，我国又新设 46 个跨境电商综合试验区。

而海外仓本质上是一种技术密集型和资本密集型产业，（韩丹宁等，2018）依赖大量的资金和人力资源；且海外仓集中分布在一些发达国家，因而人力成本高昂、仓库的租金也很高。孙康（2016）提出海外仓仍旧存在一些自身发展的局限性，例如需要较高的信息化水平、本土化运营存在困难等。此外，海外仓在跨境物流配送、仓储管理等环节都会产生相应的费用，对于那些利润较低的产品，可能会难以弥补昂贵的物流成本，因此并不适合海外仓模式。针对海外仓在实施上可能出现的困难，单琴琴和吕红（2017）也给出了一些解决措施，包括完善法律法规、加快电商专业人才的培养、建立行业协会、建设边境仓或虚拟海外仓等。

随着跨境物流的高速发展，市场竞争不断加剧，与之相应的物流服务质量也亟待提升。"二战"后，物流行业得到了有效而充足的发展，Perreault（1976）就曾提出"7R"理论，认为物流服务质量是指在恰当的时间（Right Time），以恰当的场合（Right place）、恰当的方式（Right Channel）通过恰当的价格（Right Price）给恰当的顾客（Right Customer）提供恰当的产品或服务（Right Product），使顾客的个性化需求（Right Want）得到满足的一系列活动。就像是物流企业自身价值产生的量化过程，"7R"理论为物流企业提供一个可供量化考量的指标。Giuffrida（2017）同样认为，在物流业迅速发展的同时，物流服务的质量水平也应得到重视。

Mentzer（2011）通过对戴尔、联邦快递等物流公司的研究发现，物流服务质量对于物流的利润影响颇大。提高物流的服务质量，首先需要从顾客感知入手，为之提供所需，从而提升顾客满意度。这不仅有利于提高顾客的忠实度，保持交易黏性，而且能够提高企业的核心竞争力，从而形成一个正向良性循环。Behar（2013）在研究中指出，有效的国际物流活动能够显著降低交易成本。

而今，物流服务质量已经成为跨境电商企业发展的关键。而海外仓服务作为一种新型的特殊跨境物流方式，针对其服务质量的研究较少，对海外仓服务质量以及跨境电商交易规模的研究更是寥寥无几。本章以杭州市海外仓服务质量为研究对象，通过敏感性分析，调整海外仓各方面业务投入的比例，从而分析其不同比例的投入对顾客满意度的影响，以提高海外仓物流服务质量，进而使得跨境电商交易额获得提升。

8.2 系统动力学建模

系统动力学是一门分析信息反馈的交叉学科，现已被广泛运用于各类学科中。而系统动力学本身适合于非线性的系统，可以直观表现出各个影响变量之间的关系。因此本章基于杭州市统计局公布数据和现有文献研究成果的基础上，通过系统动力学模型及 Vensim 仿真分析，以影响海外仓服务质量的因素入手，以杭州市为例，探究海外仓对跨境电子商务交易影响。

8.2.1 系统动力学建模思路

跨境电商的蓬勃发展，对物流配送提出了更高的要求。大众的焦点也从跨境电子商务平台转向提供服务。对跨境电商而言，物流是连接卖家与买家的桥梁，物流服务质量关系到顾客满意度、再次购买等问题，因而物流服务是跨境电子商务中重要的中间环节。本章将通过分析跨境电商背景下物流服务质量的考量因素，通过系统动力学建模，分析海外仓服务建设对跨境电商交易额的影响。

海外仓模式始于亚马逊，2013 年年底，亚马逊已经在全球陆续建立了49 个仓储运营中心。我国自 2014 年起也开始关注、建设海外仓。根据易仓调研数据统计，目前，美国海外仓总面积最大；但近年来俄罗斯也奋起直追，单仓面积位居全球第一。相较而言，我国还有很大的进步空间。亚马逊卖家后台调查显示，70％的卖家通过海外仓发货，20％的卖家采用一半直发一半海外仓的模式发货，可知海外仓潜在用户量巨大。《2019 年中国跨境电商发展》报告显示，2019 年我国跨境电商交易额达 10.8 万亿元，跨境电商交易规模占电商交易规模的比重已经高达 30.2％。其中，跨境电商出口额 8.03 万亿元，同比增长约 13.09％。乐天发布的最新报告《复苏之路——2020 年亚太地区电子商务》显示，在新冠肺炎疫情影响下，66％的亚太地区消费者将网购作为购物的首选方式，其中 38％的消费者更偏爱中国厂商。由此可见，建立海外仓完善跨境电商发展依旧是我国目前的发展方向，未来发展潜力无限。

孙康（2016）认为，从法律层面上说，海外仓不仅是一个货物仓储的仓库，还是一家存在于海外的实体企业。就目前发展来看，海外仓的确是在不断升级、扩展业务，已经不是"仓库"所能包含的意义；而且海外仓模式的跨境物流操作过程日渐烦琐，各个步骤的服务水平都会最终影响消费者的消费，应当引起企业重视。艾媒咨询《2019 海淘消费者对线上跨境电商改进需求调查》显示，55.7％的消费者认为需要保障正品，37.4％选择了更好的售后服务，32.8％选择了价格更加实惠，22.9％选择了物流更加快捷。基于上述分析，本章将从订单处理、物流配送、服务水平三个因素入手，分析这三部分的投入对于海外仓服务质量的影响。

在建模之前，首先要明确系统边界问题。因为系统会受到系统内部和外部因素的共同影响，所以为了简化系统，本章以系统外部因素不影响系统为前提做假设，因而对于系统外部因素这里不做考虑。本章主要研究物流方式对于跨境电商交易规模的影响，主要划分为三个子系统：订单处理能力、物流配送水平、服务水平。

8.2.2　因果关系分析

在系统动力学中，因果关系图可以显示系统内部各因素之间的反馈关系，并且能够清晰地展示各个变量之间的逻辑变化关系。根据前文对该系统的几个子系统的划分，接下来是对该系统中各个子系统进行深入分析。

(1)订单处理能力子系统

海外仓的前部订单处理工作看似简单，但能拥有较高的产品满足率却很难。由于顾客需求不断变化，如何选择被大众普遍接受的产品就变得有些困难，而一旦不被接受就会导致海外仓库存产品积压、滞销，给企业带来经营压力。首先，海外仓的产品货物种类众多，可以从产品的售出率与滞销率入手进行分析，通过数据分析优势严格把控选品、实时掌握库存信息。对于什么时候补仓、如何补仓等问题也都需要做好仓储管理工作，最大程度放大收益和降低风险。其次，产品入仓时要做好商品大包装拆分，有序进行 SKU 条码管理工作，保证商品的独一性，在收到用户订单时能够准确及时地发出货物。

订单处理能力子系统因果图如图 8-1 所示。

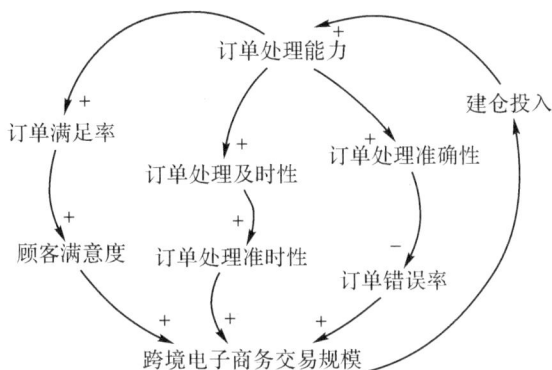

图 8-1　订单处理能力子系统因果图

回路 1：订单处理能力→订单满足率→顾客满意度→跨境电子商务交易规模→建仓投入→订单处理能力。

回路 2：订单处理能力→订单处理及时性→订单处理准时性→跨境电子商务交易规模→建仓投入→订单处理能力。

回路 3：订单处理能力→订单处理准确性→订单错误率→跨境电子商务交易规模→建仓投入→订单处理能力。

回路 1 表示可以通过对订单满足率的提升，来提高消费者购物满意度，使消费者愿意继续通过这种方式来进行交易。交易规模的增长，就有了更多可以投资的资金，可以进一步完善海外仓的建设。

回路 2 表示只有及时处理已收到的订单，才能对已有订单进行合理的配置、分配、发货，让消费者能够准时收到商品，这对公司的信誉来说非常重要。有了良好的信誉口碑，未来交易的增长也是显而易见的。

回路 3 表示订单的处理也要做到准确，接受订单并安排发货是海外仓处理的第一步。若是第一步出现差错，后续的工作都是白费功夫。因此需要订单保证尽可能低的错误率，为后续工作打好基础。

（2）物流配送水平子系统

贸易与物流是相伴共生的关系，二者之间相辅相成、相互牵制。而随着跨境电子商务交易的兴起，跨境物流也势必引起重视。海外仓看似是在海外设置一个存货仓库，实际是设置一个海外代理，负责货物商品的海外仓储、配送、逆向物流等环节，如同一个中转站，将跨境物流转换成当地配送，因此配送速度也就有了较大的提升。

同时，跨境电商物流中海关问题也是比较棘手的，各个国家海关政策不同、手续不同，势必影响物流的配送效率，也将导致大量人工、时间的投入。通过在各国建立海外仓，能够及时地了解各国政策变更，以便迅速做出有效反应，尽可能减少海关流程上的时间，比如可以将各单商品集中在一起实现规模效益。这样，将放大产品价格的可调节空间。

逆向物流问题也被正视起来，传统物流中退换货流程较复杂，运费高，导致部分消费者望而却步。海外仓模式下，退换货可直接退往各国当地的仓库，大大节省了消费者的时间，减少成本。尤其对欧美市场，由于本土退换货制度优越，海外仓更需要做好逆向物流管理。物流配送水平子系统因果图如图 8-2 所示。

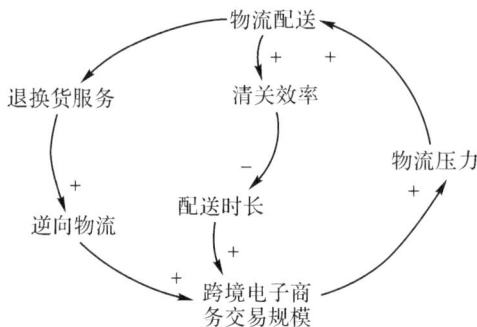

图 8-2　物流配送水平子系统因果图

回路 1 展示了逆向物流在跨境电商中的应用。退换货对于交易来说是难免的，因此这一过程也应得到海外仓的重视。拥有稳定的、良好的退换货方式，消费者消费时也能够多几分勇气和信心，这有利于交易规模的扩大。

回路 2 表示通过提高清关效率，可缩短产品配送时长，使得产品更快地送达顾客手中，从而提高交易额。与此同时，随着跨境电商的进一步发展，订单增多，对物流配送的压力也增大，反向激励海关清关加快速度，完成既定安排，准时快速地完成配送。

(3)服务水平子系统

传统跨境物流由于买卖双方地理位置相距较远，需要多次转运才能将产品送到消费者手中，因此极易出现丢包、破损等情况，严重影响了顾客的消费体验，也大大增加了物流成本。通过建设海外仓，能够将跨境物流转化为本地物流，减少了转运次数，降低了丢包率。跨境电子商务的良性发展，离不开高水平的服务。不管是销售还是负责售后的工作人员都跟消费者有较多联系，在解决问题的过程中，良好的服务态度能够提升消费者对公司的印象，提高对公司的满意度。高水平的管理人才，能够及时掌握处理消费者所遇到的问题，及时响应顾客需求，促使本企业进一步发展进步。

服务水平子系统因果图如图 8-3 所示。

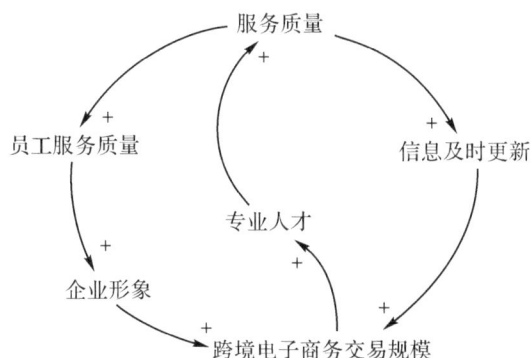

图 8-3 服务水平子系统因果图

回路 1：服务质量→员工服务质量→企业形象→跨境电子商务交易规模→专业人才→服务质量。

回路 2：服务质量→信息及时更新→跨境电子商务交易规模→专业人才→服务质量。

回路 1 表示通过提高员工的服务质量，可以提升企业在市场上的形象，进而拥有更高的市场占有率，扩大交易规模。企业能够招聘、培训出一批高水平的专业型人才，进一步改善企业的服务质量。

回路 2 展示了建立起交换信息系统的重要性。企业做好物流信息的及时更新，消费者能够获得更准确的物流信息，有利于建立起相互之间的信任。而大多物流信息更新缓慢，尤其是跨境物流，信息交换容易因语言等问题受阻。

8.2.3　变量设置及模型构建

基于上文对三个子系统因果图的分析，本节对各个系统变量进行整合，建立起整体系统流图，涵盖了速率变量、状态变量、常量、辅助变量等，以交易规模为流位变量。

本节构建的系统流如图 8-4 所示。

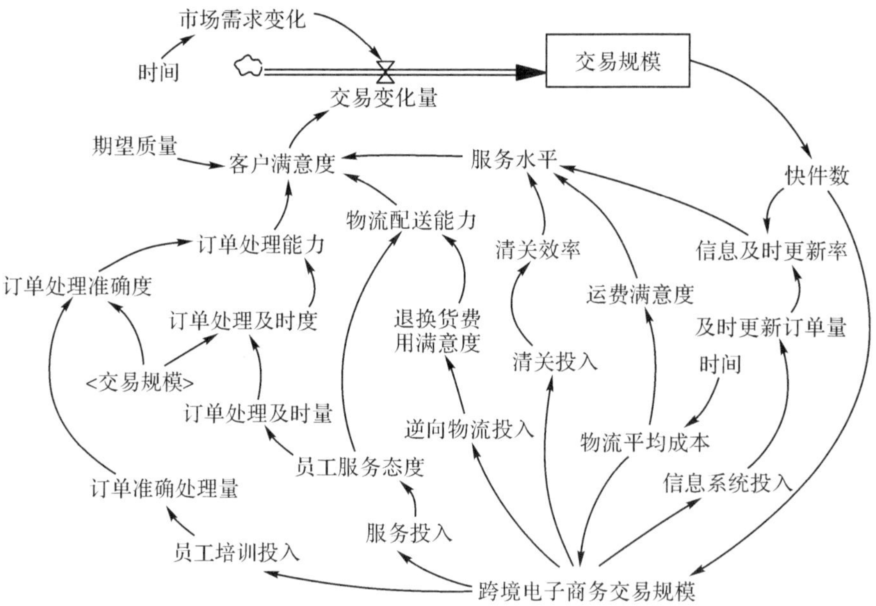

图 8-4　海外仓业务设置系统流图

系统流图体现的是各个变量之间的关系，而要研究整体模型订单量变化情况，则需要构建可以描述各个变量之间数量关系的方程。而在系统模拟的过程中，由于各个变量的单位、标准都有所不同，因而在模型仿真之前需要先进行标准化处理，消除变量量纲对仿真结果的影响。在文中涉及的定性变量主要包括清关能力、顾客满意度等，通过问卷调查等方法确认，因此不需要再进行无量纲处理。当存在的部分参数难以获得精准数据时，将通过历年数据和仿真结果分析，并不断进行调整，而后通过 Vensim 软件输入相关变量方程。

具体的变量方程如表 8-1 所示。

表 8-1 变量方程汇总

变量名称	变量方程
交易规模	INTEG{[(交易变化量－1)×交易规模],750}
交易变化量	客户满意度×市场需求变化
客户满意度	(服务水平×0.156＋物流配送能力×0.683＋订单处理能力×0.161)/期望质量
市场需求变化	WITHLOOKUP:Time,{[(2014,0),(2025,3),(2014.5,2.13),(2016.26,0.74),(2017.43,0.7),(2018.25,0.7),(2019.11,0.68),(2020.7,0.66),(2022.84,0.64),(2024.06,0.62),(2024.9,0.6)]}
期望质量	3.81
信息及时更新率	WITHLOOKUP:及时更新订单量/快件数,{[(0.8,0),(1,6)],[(0.875,0),(0.9,2.1),(0.91,2.4),(0.92,2.8),(0.93,3.2),(0.94,3.6),(0.95,4),(0.96,4.4),(0.97,4.8),(0.98,5.2),(0.99,5.6),(1,6)]}
清关投入	0.024×业务收入
清关效率	0.71×LN(清关投入)－3.4
逆向物流投入	0.024×业务收入
订单准确处理量	EXP(员工培训投入×1.3)×341
员工培训投入	0.024×业务收入
员工服务态度	6.76432－1.01234/EXP(服务投入×0.987653)
服务投入	业务员收入×0.024
订单处理能力	0.57×订单处理准确性＋0.43×订单处理及时性
订单处理准确率	WITHLOOKUP:订单准确处理量/交易规模,{[(0.87,0),(1,6),(0.875,0),(0.889,0.525),(0.901,1.031),(0.913,1.469),(0.924,1.929),(0.935,2.412),(0.947,2.89),(0.957,3.3114),(0.968,3.75),(0.98,4.2),(0.99,4.6),(1,6)]}
订单处理及时量	131×EXP(员工服务态度×0.563)＋488
运费满意度	WITHLOOKUP:物流平均成本,{[(0.019,3),(0.033,6)],[(0.0195,5.99),(0.021,5.95),(0.022,5.88),(0.023,5.82),(0.024,5.79),(0.025,5.758),(0.026,5.71),(0.027,5.67),(0.031,5.35)]}

续　表

变量名称	变量方程
订单处理及时率	WITHLOOKUP:订单处理及时量/交易规模,{[(0.9,0),(1,6),(0.875,0),(0.9,2),(0.91,3.4),(0.92,3.8),(0.93,4.2),(0.94,4.456),(0.95,4.741),(0.96,5.004),(0.97,5.114),(0.98,5.268),(0.99,5.64),(1,5.86)]}
物流配送能力	0.4×退换货费用+员工服务态度×0.6
退换货费用满意度	LN(逆向物流投入)×0.123+6.299
及时更新订单量	信息系统投入×1499+611
信息系统投入	0.024×业务收入
物流平均成本	WITHLOOKUP:Time,{[(2015,0),(2024,0.05)],[(2015,0.0319),(2016,0.0315),(2017,0.024),(2018,0.0237),(2019,0.02469),(2020,0.02441),(2021,0.0243),(2022,0.0243),(2023,0.0245),(2024,0.024)]}
业务收入	物流平均成本×快件数
服务水平	信息及时更新率×0.18+清关效率×0.49+运费满意度×0.33
快件数	0.95×交易规模

通过对订单处理能力、物流配送水平、服务水平三个子系统的分析，本节构建了海外仓服务的系统流图。由于各个变量单位、确定标准不同，所以在建立方程前要先做好标准化处理。而模型能否应用在我们实际情况中，还需要经过下一节的一系列检测步骤之后，才能得到最终结论。

8.3　系统动力学仿真实验

8.3.1　模型检验测试

建模设置初始时间 INITIAL TIME＝2015，终止时间 FINAL TIME＝2019，TIME STEP＝1，时间单位是年。在建立好系统动力学模型后，为保证模型能够正确且顺利地完成仿真模拟运行，需要对模型进行有效性检验和历史性检验。

（1）有效性检验

有效性检验旨在检验模型的完整性，以保证仿真实验的顺利进行，Vensim 软件可以直接检验模型的有效性，见图 8-5。

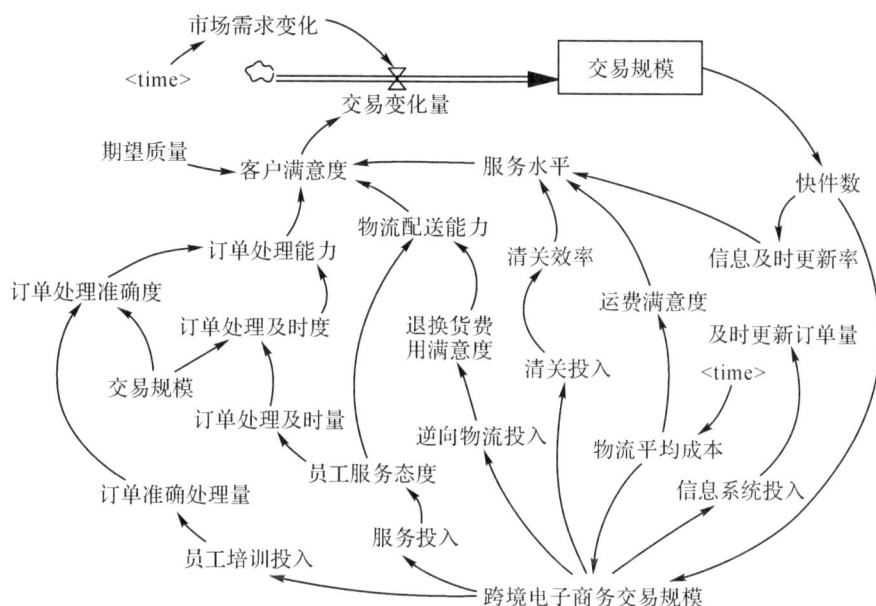

图 8-5 模型有效性检测

（2）历史性检验

仿真实验首先要求模型能够反映实际情况，通过实验得到的仿真结果与实际情况不能相差太大，因此模型需要进行历史性检验，证明模型是有效的。本节选取交易额为检验变量，通过对真实数值与实验结果的对比，检测所构建模型的真实性和可信性，结果如表 8-2 所示。

表 8-2 跨境电商交易规模的历史性仿真结果与真实性结果对比

年份	2015	2016	2017	2018	2019
真实值	22.730	60.600	70.220	80.200	95.530
预测值	22.730	59.280	73.150	80.120	93.520
误差（%）	0.000	2.170	4.170	0.001	2.100

如表 8-2 所示，交易规模的真实结果与仿真结果的误差范围均在 5％以内，属于可接受范围。说明模型与真实数据相差不大，因而可证文中模型的构建是合理可行的。在此基础上，对杭州市海外仓服务情况的影响探究是符合现实情况的，因此具有完成后续仿真实验的基础。

8.3.2 系统结果分析

系统动力学建模目的在于预测研究对象在未来一段时间的发展趋势，通过对跨境电商交易额的仿真结果，可以看出在采用了海外仓这种物流服务模式之后，交易额有了爆发式的增长，而后平稳上升。2013 年杭州市成为首批跨境电子商务综合试验区，也被国家有关部门定为电子商务示范区，通过提供海关、物流、金融、人才等"一站式"服务，成功吸引了大量企业加入；与此同时，国家也有相关政策扶持，2016 年跨境电子商务交易额大幅增长。近年来，全球经贸市场形势日益复杂，中美贸易摩擦不断，需求不振，整体上跨境电商交易额虽然保持增长，但增幅难免减缓。（温珺等，2017）业务收入变化趋势如图 8-6 所示。

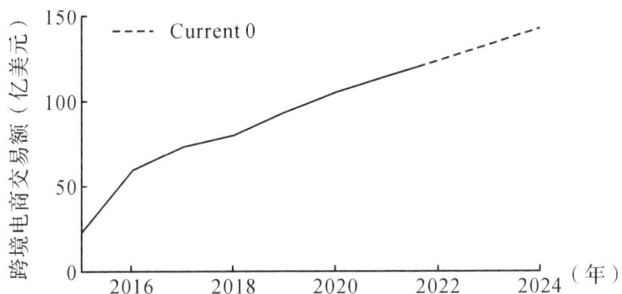

图 8-6 业务收入变化趋势图

刚开始采用海外仓物流服务时，无论是管理人才还是消费者都对其不甚了解，且海外仓服务涉及程序众多，流程复杂，因此物流服务质量不高，顾客满意度也欠佳。经过各个部门的不断发展、磨合和推进，海外仓服务质量逐年提升，客户满意度也有了较大的提升，随着各项业务的逐步完善、走上正轨，并无限趋于完善，顾客满意度逐步趋于稳定，如图 8-7 所示。

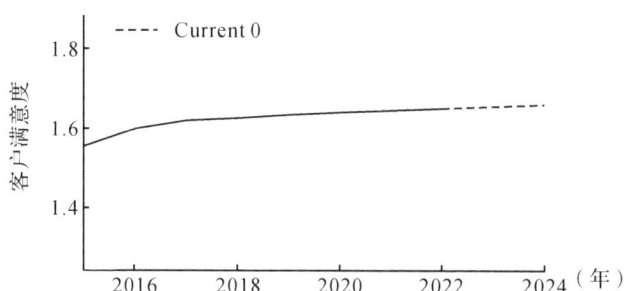

图 8-7 客户满意度变化趋势图

8.3.3 参数调整

系统动力学模型不但可以预测未来趋势，通过改变参数数值，R 观察变量结果对系统整体的影响，还可以为企业做出科学决策提供更具体的依据。在 Vensim 软件中，就可以快捷地调整相关参数来模拟不同情况下交易规模的变化情况，这有助于企业管理层对公司情况做出一个合理规划和相应的调整。

本章的系统动力学模型中，主要引用了五个相关业务活动作为投入变量，分别是员工培训投入、信息系统投入、逆向物流投入、清关投入和服务投入。根据资料，某公司将 12% 的业务收入投入到这五个方面的服务建设上，以期获得更好的经济效益。而如何分配这五个方面的投资，则是公司首先需要考虑的问题。为便于分析讨论，本书将 12% 的业务收入平均分配到各个项目上，而后通过增加 0.01% 收入作为新投资，观察各个部分对于顾客满意度的影响，如图 8-8 所示。

其中，current 1—5 分别代表员工培训投入、信息系统投入、逆向物流投入、清关投入和服务投入，current 0 则表示初始值（未增加 0.01% 投入）。由图 8-8 可知，在各个环节分别追加投入时，各个环节对于客户满意度的影响程度均有所不同。其中，清关投入对客户满意度的影响程度最高，对其他四个方面业务即使追加投资，对于客户满意度提升作用也不大。因此，在制订相应的决策计划时，可以将投入主要倾向于此，而对其他方面投入则可以稍稍放缓力度。有的放矢，才能获得最大化单位交易额。当消费者对海外仓服务有较高的满意度之后，交易额自然会提高，企业占据更高的市场份额和企业城市知名度，在国际市场上就能树立起良好形象。

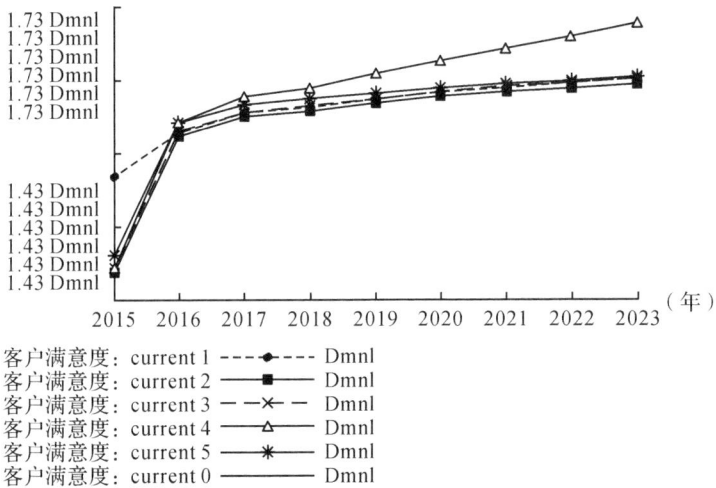

图 8-8　参数调整后客户满意度影响变化图

而后续通过对跨境电商交易额的影响变化图（图 8-9）也说明了这一点：当变量条件相同时，清关投入对跨境电商影响最为显著。即客户满意度和跨境电商交易额之间有着正相关关系，在客户满意度提高的同时，影响到跨境电商交易额。

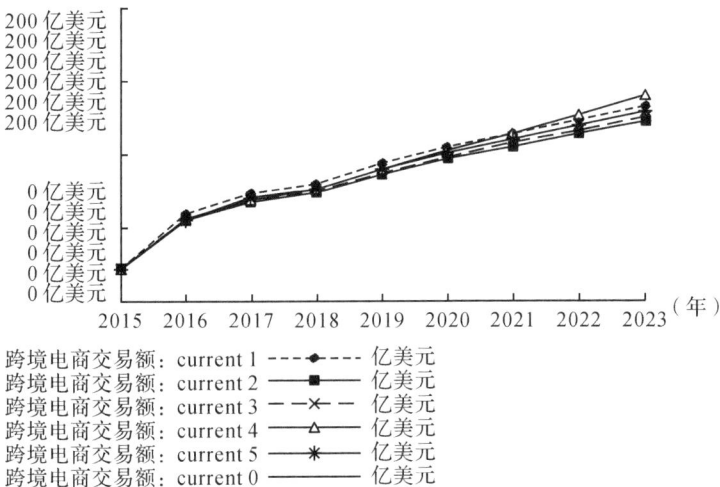

图 8-9　对跨境电商交易额的影响

通过有效性检验和历史检验，可以发现本章所构建的模型是具备一定有效性、合理性的，因而借此模型进行后续相关的现实性分析也是有意义的。通过模型仿真结果可以做出推测，跨境电子商务发展经济预期依旧向好。而通过参数调整，追加对海外仓服务各业务投入比例之后，可以看出清关效率对消费者满意度影响程度最高，也最大程度影响着跨境电子商务交易额的变动。未来可以尤其注重对清关效率、政策等问题，以获得经济效益的最大化和社会效益的最大化。

8.4 政策建议

基于上述主要结论，本书也给出相关建议。

目前我国消费品跨境电商出口物流依旧是以邮政小包为主，但随着消费品跨境电商出口竞争的加剧，海外仓将成为突破消费品跨境电商物流瓶颈的一件法宝。不过，即便是采用海外仓的经营模式，也会存在一定的局限性，如受政府政策影响很大，尤其是清关政策。而针对海外仓发展的相关限制因素，国家也有针对性地给予了一些政策激励，如《对外贸易发展"十三五"规划》中，就明确提出鼓励海外仓的发展，推动企业在境外建立海外仓。2019年《中华人民共和国电子商务法》正式实施，进一步完善了电商平台内部的各项规章制度，这有利于提高跨境电商平台的服务质量。因此，海关等相关部门应该针对当下情况做出及时、积极的应对，通过推行新型海关监管以及集中申报、政策支持、税收优惠等手段，提高清关效率，从而发挥海外仓的最大优势。

在客户为主导的"拉动式"供应链体系中，海外仓能够及时掌握客户需求，促进销售的发展。但海外仓在初始阶段中，建仓成本投入居高不下，这导致很多企业望而却步。Hindle（2008）曾提出，可以通过技能共享、资源共享、战略调整、各方整合、谈判等方式来达到协同的目的。因此，在企业自身发展受限的情况下，可以通过多方聚力、抱团等方式来做出改变。各个企业共担风险、共享收益、发挥所长，实现分工合作，降低企业的固有成本。通过产品的大宗运输，也能够实现规模效应，能够帮助企业降低运输成本。

物流行业本身属于第三产业，服务水平的提升对于企业的升级具有显而易见的推动作用，注重对客户满意度的管理，优化消费体验是首要的一环。尤其近年来假冒伪劣产品泛滥，需要企业做好相应的产品申报，最高限度地保证产品的质量。跨境电子商务出口是面向国外消费者展开的，而跨境物流在发展本土服务的同时，电商物流渠道的下沉也成了新的发展趋势。近年来，大数据、云计算、人工智能等技术如雨后春笋般涌现，可以有效地帮助企业最高限度地发展海外仓服务设置优势。跨境电子商务与物流企业需要提前做好市场、产品分析，实现产品的精准投放，最大化地满足消费者需求，有效降低自身运营风险和库存成本，优化企业的资金流管理。

8.5 小结

本章基于 2015—2019 年杭州市跨境电商交易额等相关数据，进行系统动力学建模并实现仿真实验，对杭州市未来跨境电商客户满意度和交易规模进行了预测分析，得出以下结论：

第一，结合杭州目前经济发展趋势来看，可以发现跨境电商交易额增长稳定，但增速已经放缓，而仿真结果也说明了这一点。可见系统动力学模型虽然不能完全仿真现实情况，但仿真结果的可信度很高，具备一定的参考价值。接下来可以通过调整各个参数变量方程，使得模型更加精准，符合现实情况。

第二，通过模型的仿真结果，对杭州市的跨境电商交易规模进行了预测分析。对其中部分影响变量进行的单独分析，有利于我们更加系统、全面地看待数据。仿真结果表明，通过增加清关投入，能够最高限度地提高客户的满意度，对海外仓服务质量产生积极影响，最终使得跨境电商交易额攀升。

参考文献 ——

［1］ 郁建兴.畅通"双循环" 构建新格局［M］.杭州:浙江人民出版
社，2021.

［2］ 孙晓华，郭旭，王昀.产业转移、要素集聚与地区经济发展［J］.管
理世界，2018（5）：47-62.

［3］ 苏敏，夏杰长.数字经济赋能"双循环"的机理和路径［J］.开放导
报，2020（6）：71-75.

［4］ 张辉，闫强明，黄昊.国际视野下中国结构转型的问题、影响与应对
［J］.中国工业经济，2019（6）：41-59.

［5］ 胡贝贝，王胜光，张秀峰.创新经济体知识生产中的规模递增效应：
基于我国高新区的实证检验［J］.科研管理，2017，38（2）：52-58.

［6］ ECKHARDT J，CIUCHTA M，CARPENTER M A. Open innovation，
information， and entrepreneurship within platform ecosystems［J］.
Strategic Entrepreneurship Journal，2018，12（3）：369-391.

［7］ ZHENG SHILIN， LI ZHAOCHEN. Pilot governance and the rise
of China's innovation［J］. China Economic Review，2020，63（4）：101.

［8］ CHIHIRO W， KASHIF N， YUJI T， et al. Measuring GDP in
the digital economy： Increasing dependence on uncaptured GDP［J］.
Technological Forecasting and Social Change， 2018（137）： 226-240.

［9］ 周广澜，王健，苏为华.跨境电商统计方法改革研究［J］.国际贸易，2020（2）：25-32.

［10］ 邓富华，霍伟东.自由贸易协定、制度环境与跨境贸易人民币结算［J］.中国工业经济，2017（5）：75-93.

［11］ YAP D Q，WHALLEY J. The China（Shanghai）Pilot Free Trade Zone：Background，Developments and Preliminary Assessment of Initial Impacts［J］. World Economy，2016，39（1）：2-15.

［12］ 郭四维，张明昂，王庆，等.新常态下的"外贸新引擎"：我国跨境电子商务发展与传统外贸转型升级［J］.经济学家，2018（8）：42-49.

［13］ 石良平，王素云.互联网促进我国对外贸易发展的机理分析：基于31个省市的面板数据实证［J］.世界经济研究，2018（12）：48-59，132-133.

［14］ 来有为，王开前.中国跨境电子商务发展形态、障碍性因素及其下一步［J］.改革，2014（5）：68-74.

［15］ 马述忠，张洪胜，王笑笑.融资约束与全球价值链地位提升：来自中国加工贸易企业的理论与证据［J］.中国社会科学，2017（1）：83-107，206.

［16］ SONG S，CHOI S. The Effective Collection Models of VAT/GST on E-commerce Imports of Low Value Goods［J］. The Journal of International Trade & Commerce，2018，14（5）：221-236.

［17］ 沈国兵."美国利益优先"战略背景下中美经贸摩擦升级的风险及中国对策［J］.武汉大学学报（哲学社会科学版），2018，71（5）：91-99.

［18］ MA S，CHAI Y，ZHANG H. Rise of Cross-border E-commerce Exports in China［J］.China & World Economy，2018，26（3）：63-87.

［19］ 柴跃廷，于潇，刘镇铭.电子商务可信交易保障公共服务平台设计与实现［J］.清华大学学报（自然科学版），2018，58（9）：802-

807，820.

[20] 杨坚争，王林.中小企业跨境电子商务绩效的识别与检验：以四大自贸区内的对比分析为例 [J].管理学刊，2016，29（3）：2，26-34.

[21] XUE W，LI D，PEI Y. The Development and Current of Cross-border E-commerce [C]. WHICEB Proceedings，2016：53.

[22] WU J，WANG C，HONG J，et al. Internationalization and innovation performance of emerging market enterprises：The role of host-country institutional development [J]. Journal of World Business，2016，51（2）：251-263.

[23] VAHTERA P，BUCKLEY P，ALIYEV M. Affective conflict and identification of knowledge sources in MNE teams [J]. International Business Review，2017，26（5）：881-895.

[24] 马述忠，陈奥杰.跨境电商：B2B抑或B2C：基于销售渠道视角 [J].国际贸易问题，2017（3）：75-86.

[25] VALAREZO Á，PÉREZ-AMARAL T，GARÍN-MUÑOZ T，et al. Drivers and barriers to cross-border e-commerce：Evidence from Spanish individual behavior [J]. Telecommunications Policy，2018，42（6）：464-473.

[26] 赵保国，胡梓娴.基于系统动力学的B2C跨境电商进口交易趋势预测 [J].国际商务（对外经济贸易大学学报），2017（4）：124-134.

[27] HAN J H，KIM H M. The role of information technology use for increasing consumer informedness in cross-border electronic commerce：An empirical study [J]. Electronic Commerce Research and Applications，2019，3-4（March-April）：100-826.

[28] 王冠凤.贸易便利化机制下的上海自由贸易试验区跨境电子商务研究：基于平台经济视角 [J].经济体制改革，2014（3）：38-42.

[29] 郭建芳.跨境电商综合试验区建设路径研究：以杭州综合试验区为例 [J].中国市场，2016（10）：129-130.

[30] 王香怡，杨药.中国跨境电商试验区发展现状与经验：以广州跨境

电商综合试验区为例［J］. 对外经贸，2017（9）：91-92.

［31］ 朱贤强，王庆.跨境电子商务综合试验区创新实践与推进策略［J］.
经济纵横，2019（8）：61-68.

［32］ 许应楠.我国跨境电子商务发展现状及政策创新研究［J］.情报探
索，2017（2）：85-89.

［33］ 张夏恒，陈怡欣.中国跨境电商综合试验区运行绩效评价［J］.中
国流通经济，2019，33（9）：73-82.

［34］ SHAO J，YANG H，XING X，et al. E-commerce and traffic
congestion：An economic and policy analysis［J］. Transportation
Research：Part B，2016（83）：91-103.

［35］ GIUFFRIDA M，MANGIARACINA R，PEREGO A，et al. Cross-
border B2C e-commerce to Greater China and the role of logistics：
a literature review［J］. International Journal of Physical Distribution &
Logistics Management，2017，47（9）：772-795.

［36］ HSIAO Y-H，CHEN M-C，LIAO W-C. Logistics service design
for cross-border E-commerce using Kansei engineering with text-
mining-based online content analysis［J］. Telematics and informatics，
2017，34（4）：284-302.

［37］ KIM M-J. A Study on the Selection Criteria of Delivery Method for
Korean Cross-border E-commerce Companies Using AHP（Analytic
Hierarchy Process）［J］. The Journal of International Trade &
Commerce，2018，14（2）：127-142.

［38］ 张夏恒，张荣刚.跨境电商与跨境物流复合系统协同模型构建与应
用研究［J］.管理世界，2018，34（12）：190-191.

［39］ 屈韬，罗曼，屈焰.中国自由贸易试验区的外资引致效应及其影响
路径研究［J］.国际经贸探索，2018，34（9）：17-30.

［40］ 许嘉扬，郭福春.互联网金融支持跨境电子商务发展机制研究：以
杭州市综合试验区为例［J］.浙江社会科学，2018（5）：23-31.

［41］ 魏悦羚，张洪胜.进口自由化会提升中国出口国内增加值率吗：基

于总出口核算框架的重新估计 [J] .中国工业经济，2019（3）：
24-42.

[42] 杨云鹏，杨坚争，张璇.跨境电商贸易过程中新政策法规的影响传
播模型 [J] .中国流通经济，2018，32（1）：55-66.

[43] 赵骏，干燕嫣.变革中的国际经贸规则与跨境电商立法的良性互动
[J] .浙江大学学报（人文社会科学版），2017，47（6）：88-102.

[44] CHEN N，YANG J Z. Mechanism of government policies in cross-
border e-commerce on firm performance and implications on m-commerce
[J] . International journal of mobile communications，2017，15
（1）：69-84.

[45] 汪旭晖，李璐琳.新常态下跨境电商的商业模式创新与政策体系设
计 [J] .当代经济管理，2018，40（7）：22-27.

[46] 谌楠. 政府扶持性政策在促进跨境电子商务发展中的有效性研究：
基于复杂网络视角 [J] .浙江社会科学，2016（10）：88-94.

[47] KWAK J，ZHANG Y，YU J. Legitimacy building and e-commerce
platform development in China：The experience of Alibaba [J] .
Technological Forecasting and Social Change，2019（139）：115-124.

[48] ALM J，MELNIK M. Cross-Border Shopping and State Use Tax
Liabilities：Evidence from eBay Transactions [J] .Public bugeeting and
finance，2012，32（1）：5-35.

[49] MASKUS K E，YANG L. Domestic patent rights，access to
technologies and the structure of exports [J] . Canadian Journal of
Economics，2018，51（2）：483-509.

[50] AZAR G，DROGENDIJK R. Cultural distance，innovation and
export performance：An examination of perceived and objective
cultural distance [J] . European Business Review，2016，28（2）：
176-207.

[51] LKHAASUREN M，KYUNGDOO N，BANG D-O. The Effect
of Korean Country Image and Culture Contents Favor on Mongolian

Customers' Cross-border Online Purchase Intention in Korean Products [J]. The Journal of International Trade & Commerce, 2018, 14（1）：1-21.

［52］ CHO H, LEE J. Searching for Logistics and Regulatory Determinants Affecting Overseas Direct Purchase: An Empirical Cross-National Study [J]. The Asian Journal of Shipping and Logistics, 2017, 33（1）：11-18.

［53］ 李向阳.跨境进口电子商务海关监管新政效能评估 [J].上海经济研究，2017（7）：117-127.

［54］ 张鸣飞，杨坚争.我国跨境电子商务政策发展情况初探 [J].电子商务，2017（9）：8-9.

［55］ 苏为华，王玉颖.我国跨境电子商务综合试验区发展水平的统计测度 [J].商业经济与管理，2017（6）：13-22.

［56］ 韦大宇，张建民.中国跨境电商综合试验区建设成果与展望 [J].国际贸易，2019（7）：18-24.

［57］ 李晓龙，王健.eWTP 倡议下构建国际贸易新规则的探索 [J].国际经贸探索，2018，34（11）：102-114.

［58］ 荆林波，奚祺海.国外政府制定公共政策的对比分析及其对中国的启示 [J].国外社会科学，2017（6）：39-47.

［59］ 张昊.跨境电商政策的多重属性与协同方式 [J].中国流通经济，2018，32（5）：64-74.

［60］ 温珺，阎志军.中国跨境电子商务发展：新特点、新问题和新趋势 [J].国际经济合作，2017（11）：29-35.

［61］ 赵骏，向丽.跨境电子商务建设视角下个人信息跨境流动的隐私权保护研究 [J].浙江大学学报（人文社会科学版），2019，49（2）：58-71.

［62］ 宫艳华.中俄跨境电商：现状、风险与制度安排 [J].俄罗斯东欧中亚研究，2019（2）：123-138.

［63］ 赵杨，陈雨涵，陈亚文.基于 PMC 指数模型的跨境电子商务政策评

价研究［J］.国际商务（对外经济贸易大学学报），2018（6）：114-126.

［64］ GOMEZ-HERRERA E，MARTENS B，TURLEA G. The drivers and impediments for cross-border e-commerce in the EU ［J］. Information Economics & Policy，2014，28（1）：83-96.

［65］ MIAO M，JAYAKAR K. Mobile payments in Japan，South Korea and China：Crossborder convergence or divergence of business models? ［J］. Telecommunications Policy，2016，40（2-3）：182-196.

［66］ 姜菁斐.关于我国与"一带一路"国家发展跨境电商的思考［J］.国际贸易，2018（6）：56-60.

［67］ 刘斌，赵晓斐，刘翠翠.中国跨境电商零售进口发展与监管问题研究［J］.价格理论与实践，2019（4）：16-20.

［68］ 李芳，杨丽华，梁含悦.我国跨境电商与产业集群协同发展的机理与路径研究［J］.国际贸易问题，2019（2）：68-82.

［69］ 孙宝文，褚天舒，赵宣凯.跨境电商模式下地理距离对中国国际贸易影响的实证研究［J］.新金融，2018（3）：39-44.

［70］ 荆文君，孙宝文.数字经济促进经济高质量发展：一个理论分析框架［J］.经济学家，2019（2）：66-73.

［71］ 马凡."一带一路"政策对区域跨境电商物流绩效影响的仿真研究：以杭州市为例［D］.西安：西安理工大学，2019.

［72］ 张晓燕.我国跨境物流海外仓发展存在的问题及完善对策［J］.对外经贸实务，2017（1）：84-87.

［73］ 张夏恒，郭海玲.跨境电商与跨境物流协同：机理与路径［J］.中国流通经济，2016，30（11）：83-92.

［74］ 李昕，赵儒煜.基于供应链视角的跨境电商物流链优化研究［J］.商业时代，2019（12）：76-79.

［75］ WANG L，YANG J，YIN S. Electronic commerce international logistics performance influence factor analysis ［J］. International journal of mobile communications：IJMC，2015，13（5）：498-509.

［76］GOMEZ-HERRERA E, MARTENS B, TURLEA G. The drivers and impediments for cross-border e-commerce in the EU ［J］. Information Economics and Policy, 2014（28）: 83-96.

［77］窦粲灿，吴会芳.跨境电商物流存在的问题与对策研究［J］.物流工程与管理，2015（9）: 155-156.

［78］李向阳.促进跨境电子商务物流发展的路径［J］.中国流通经济，2014（10）: 107-112.

［79］NDEKWA A G. Drivers of Electronic Commerce（e-commerce）among Small and Medium Tourist Enterprises（SMTEs）in Tanzania ［J］. International Journal of Science and Research（IJSR）, 2015, 4（1）: 2512-2517.

［80］鲁旭.基于跨境供应链整合的第三方物流海外仓建设［J］.中国流通经济，2016（3）: 32-38.

［81］韩丹宁，夏时雨，郝砚茗.中国跨境电商发展的瓶颈及对策分析［J］.科教导刊（电子版），2018（3）: 212-213.

［82］孙康.海外仓的利弊分析及未来发展对策研究［J］.对外经贸，2016（6）: 29-31.

［83］单琴琴，吕红.我国跨境电商出口海外仓建设研究［J］.对外经贸，2017（8）: 43-45.

［84］PERREAULT W D, RUSS F A. Physical Distribution Service in Industrial Purchase Decisions［J］. Journal of Marketing Channels, 1976, 40（2）: 3-10.

［85］GIUFFRIDA M, MANGIARACINA R, PEREGO A, et al. Cross-border B2C e-commerce to Greater China and the role of logistics: a literature review ［J］. International Journal of Physical Distribution & Logs Management, 2017, 47（9）: 772-795.

［86］MENTZER J T, WILLIAMS L R. The Role of Logistics Leverage in Marketing Strategy ［J］.Journal of Marketing Channels, 2001, 8（3-4）: 29-47.

［87］ BECHAR A， MANNERS P， NELSON B D. Exports and International Logistics［J］. Oxford Bulletin of Economics and Statistics， 2013， 75 （6）： 855-886.

［88］ HELLER R， HINDLE T. Essential Manager's Manual［M］. Dorling Kindersley， 2008.

［89］ 张新，胡鞍钢，陈怀锦，等."十四五"创新发展基本思路：加快建设世界创新强国［J］.清华大学学报（哲学社会科学版），2020，35（1）：155-165.

［90］ 金培振，殷德生，金桩.城市异质性、制度供给与创新质量［J］.世界经济，2019，42（11）：99-123.

［91］ 丁志帆.数字经济驱动经济高质量发展的机制研究：一个理论分析框架［J］.现代经济探讨，2020（1）：85-92.

［92］ KOOPMAN R J， HANCOCK R， PIERMARTINI， et al. The Value of the WTO［J］. Journal of Policy Modeling， 2020， 42（4）： 829-849.

［93］ MARCO C， BARBARA E. New product introduction and product tenure： What effects on firm growth？［J］. Research Policy， 2012， 41（5）： 808-821.

［94］ 贾怀勤.数字贸易的概念、营商环境评估与规则［J］.国际贸易，2019（9）：90-96.

［95］ 陈珉.基于网络准备指数的数字贸易对我国产业服务化推动机制研究［J］.生产力研究，2020（5）：15-18，53.

［96］ AGOVINO M， ALDIERI L， GAROFALO A， et al. Quality and quantity in the innovation process of firms： a statistical approach ［J］. Quality & Quantity： International Journal of Methodology， 2017， 51（4）： 1579-1591.

［97］ STEINMETZ A. Competition， innovation， and the effect of R&D knowledge［J］. Journal of Economics， 2015， 115（3）： 199-230.

［98］ DAVIS C， TOMODA Y. Competing incremental and breakthrough innovation in a model of product evolution [J]．Journal of Economics，2018，123（3）：225-247.

[99] 荆林波，袁平红.全球价值链变化新趋势及中国对策 [J].管理世界，2019，35（11）：72-79.

[100] 李怀政.互联网渗透、物流效率与中国网络零售发展：基于 VAR 模型的脉冲分析与方差分解 [J].中国流通经济，2018，32（8）：23-33.

[101] 马名杰，戴建军，熊鸿儒.数字化转型对生产方式和国际经济格局的影响与应对 [J].中国科技论坛，2019（1）：12-16.

[102] 马述忠，房超，梁银锋.数字贸易及其时代价值与研究展望 [J].国际贸易问题，2018（10）：16-30.

[103] 王拓.软件贸易发展新趋势、影响及我国的应对 [J].湖北社会科学，2019（3）：67-72.

[104] 岳云嵩，李柔.数字服务贸易国际竞争力比较及对我国启示 [J].中国流通经济，2020，34（4）：12-20.

[105] 张夏恒，李豆豆.数字经济、跨境电商与数字贸易耦合发展研究：兼论区块链技术在三者中的应用 [J].理论探讨，2020（1）：115-121.

[106] 黄先海，胡馨月，刘毅群.产品创新、工艺创新与我国企业出口倾向研究 [J].经济学家，2015（4）：37-47.

[107] HHELPMAN E P，FAJGELBAUM G M．Grossman．Income Distribution，Product Quality，and International Trade [J]．Journal of Political Economy，2011，119（4）：721-765.

[108] BLYDE J G，IBERTI M M．When does innovation matter for exporting? [J]．Empirical Economics，2018（54）：1653-1671.

[109] AW B Y，ROBERTS M J，XU D．R & D Investment，Exporting，and Productivity Dynamics [J]．The American Economic Review，2011，101（4）：1312-1344.

[110] 俞立平，戴化勇，蔡绍洪.创新数量、创新质量对外贸出口影响效

应研究 [J].科研管理, 2019, 40 (10): 116-125.

[111] MUNDLAK Y. Empirical Production Free of Management Bias [J]. Journal of Farm Economics, 1961, 43 (1): 44-56.

[112] 张颢瀚, 张超.地理区位、城市功能、市场潜力与大都市圈的空间结构和成长动力 [J].学术研究, 2012 (11): 84-90.

[113] 张军, 闫东升, 冯宗宪, 等.自贸区设立能够有效促进经济增长吗: 基于双重差分方法的动态视角研究 [J].经济问题探索, 2018 (11): 125-133.

[114] 张鑫, 杨兰品.新时代中国自由贸易试验区区域协调发展研究 [J].经济体制改革, 2020 (4): 65-71.

[115] 蔡春林, 陈雨.广东自贸区与海南自贸区错位发展的路径选择 [J].国际商务研究, 2020 (2): 89-97.

[116] 潘同人.自贸区改革中的地方自主性扩张研究 [J].中国特色社会主义研究, 2015 (6): 34-39.

[117] TIEFENBRUN S U S. Foreign Trade Zones, Tax-Free Trade Zones of the World, and Their Impact on the U. S. Economy [J]. Social Science Electronic Publishing, 2014, 12 (2): 149-222.

[118] 冉路.试论上海自由贸易区对物流业带来的启示和契机 [J].中国外资, 2014 (2): 7-10.

[119] 张幼文.自贸区试验与开放型经济体制建设 [J].学术月刊, 2014, 46 (1): 11-19.

[120] ALOISE P G, MACKE J. Eco-innovations in developing countries: The case of Manaus Free Trade Zone (Brazil) [J]. Journal of Cleaner Production, 2017 (168): 30-38.

[121] VAN WINDEN W, BERG L V D, POL P. European Cities in the Knowledge Economy: Towards a Typology [J]. Urban Studies, 2014, 44 (3): 525-549.

[122] 殷华, 高维和.自由贸易试验区产生了"制度红利"效应吗: 来自上海自贸区的证据 [J].财经研究, 2017, 43 (2): 48-59.

[123] 陈林，肖倩冰，邹经韬.中国自由贸易试验区建设的政策红利 [J].经济学家，2019（12）：46-57.

[124] 孙英杰，林春，康宽.自贸区建设对经济"三驾马车"影响的实证 检验 [J].统计与决策，2020，36（23）：70-72.

[125] 宋丽颖，郭敏.自贸区政策对地方财力的影响研究：基于双重差分 法和合成控制法的分析 [J].经济问题探索，2019（11）：14-24.

[126] 刘晶，杨珍增.中国自由贸易试验区综合绩效评价指标体系研究 [J].亚太经济，2016（3）：113-121.

[127] 何彬，罗洪群，王渝，等.基于 DEA 的科技计划项目绩效评价研 究：以四川省应用基础研究项目为例 [J].软科学，2020，34（4）： 70-76.

[128] 宗晓华，付呈祥."双一流"建设高校科研效率及其变化：基于超 效率和 Malmquist 指数分解 [J].重庆大学学报（社会科学版）， 2020，26（1）：93-106.

[129] 陈晓兰，王凯凯，万冠江，等.中国财经类大学科研产出评价研究 [J].经济与管理评论，2020，36（1）：37-45.

[130] 张月花，李艳，薛平智.战略性新兴产业专利运营效率评价 [J]. 中国科技论坛，2020（3）：34-43，53.

[131] 段晓梅.系统思维下我国高校科研绩效的超效率 DEA 评价 [J]. 系统科学学报，2019，27（4）：51-54，76.

[132] 赵聚辉，黄诗华.基于超效率 DEA 和 Malmquist 指数的中国科技 研发效率评价研究 [J].宏观经济研究，2019（9）：123-129.

鸣　谢

鸣谢单位：

感谢商务部研究院，浙江省商务厅，杭州市委组织部，杭州市委政研室（中共杭州市委杭州市人民政府咨询委员会办公室），中国（杭州）跨境电子商务综合试验区建设领导小组办公室，杭州市商务局，杭州市自贸办，宁波市商务局，温州市商务局，杭州跨境电商综试区，西安跨境电商综试区，青岛跨境电商综试区，苏州跨境电商综试区，兰州跨境电商综试区，莆田跨境电商综试区，天水跨境电商综试区，云南瑞丽姐告保税区，杭州跨境电商下沙园区，杭州跨境电商空港园区，下城区数字经济产业园管理委员会，钱塘新区社发局，江干商务局，桐庐商务局，淳安商务局，滨江商务局，萧山商务局，上城商务局，钱塘商务局，富阳商务局，西湖商务局，宁波北仑区梅山街道，中国社科院财经院，浙江省文化产业创新发展研究院，浙江省电商中心，浙江省自由贸易发展中心，浙江省电商促进会，浙江省商务发展研究会，杭州跨境电商协会，杭州电商促进会，杭州新零售协会联系调研对象，协调调研方案；

阿里1688，蚂蚁金服，阿里研究院，浙江国贸云商，浙江国贸数字，轻刻旅行，浙江乐链科技，众盈信息科技，宇树科技，美仪股份，张瑜互联网＋科创园，MG19七章公园，颖上云裳城，杭州联通创新中心，浙江垦丁律所，网易严选，连连支付，pingpong，无忧传媒，NICE众创空间，浙江联聚科，富阳西谷创业园，浙江小远机器人，浙江悦道机器人，绍兴南特等公司提供调研素材，落实参访计划。

感谢以下人员对本书编辑过程中所做的贡献，包含但不限于设计调研思路，撰写参访提纲，起草文本框架结构等：

陈渤阳，张芳萍，范志颖，莫玲洁，张哲宁，朱璐瑶，李怡霏